INSTITUTIONS
DE
LA SUISSE

Th. de FELICE

INSTITUTIONS

DE

LA SUISSE

DIDIER ÉRUDITION
6, rue de la Sorbonne
75005 PARIS

Du même auteur

GOUVERNEMENTS NATIONAUX ET ACCORDS INTERNATIONAUX. L'extension des compétences des autorités exécutives à l'occasion d'accords internationaux dans quelques Etats. Georg. lib. de l'Université, Genève, 1942.

L'ART DE LÉGIFÉRER, Genève, 1971.

© DIDIER ÉRUDITION - ISBN 2-86460-081-1 - Printed in France
Paris 1985

«ÉQUIVALENCES» TERMINOLOGIQUES

La terminologie suisse différant souvent de la française, le tableau ci-après voudrait éviter au lecteur de confondre les attributions d'un organe public suisse avec celles du corps français portant le même nom. Vu la répartition très différente des compétences, on n'assimilera pas l'un à l'autre les organes placés en regard, sans se reporter aux chapitres suivants qui nuancent ces «équivalences».

SUISSE	FRANCE
Assemblée fédérale	= Parlement
Conseil national	= Assemblée nationale
Conseil des États	= Sénat
Conseil fédéral	= Président de la République + gouvernement
Grand conseil	= Conseil général
Conseil d'État	= Président du Conseil général + commissaire de la République
Conseil général (ct. de Genève)	= Corps électoral
Conseil municipal	= Conseil municipal
Conseil administratif	= Maire ·
Tribunal fédéral	= Conseil d'État + Cour de cassation

Abréviations employées ci-après

AVS   Assurance vieillesse et survivants
CCF   code civil (français)
CCS   code civil (suisse)
CF   constitution fédérale
CGE   constitution de la République et canton de Genève
CO   code des obligations (suisse)
CPS   code pénal suisse
ct.   canton.
LF   loi fédérale

INTRODUCTION

Au cours des siècles, des relations particulières — plus étroites que celles entretenues avec les pays voisins — ont tissé entre la France et la Suisse des liens privilégiés.

La *Déclaration des droits de l'homme et du citoyen*, de 1789, greffée en Suisse sur les pratiques oligarchiques des cantons urbains et plus populaires des cantons ruraux, a engrendré — à terme — un régime démocratique évolutif.

Après l'échec de la *République helvétique* dont la constitution unitaire de 1798 avait été copiée sur la constitution française de l'an III, suivi d'une longue période de troubles — souvent sanglants — la constitution fédérale de 1848 inaugura une ère de perpétuelles transformations paisibles.

L'objet du présent ouvrage n'est pas cette évolution ; ce n'est pas non plus un traité de droit constitutionnel suisse ; ce qui diffère actuellement des institutions françaises, voilà l'essentiel de ce que nous présentons au lecteur.

*

TITRE 1

PRINCIPES FONDAMENTAUX

CHAPITRE 1/1
LE SOUVERAIN

«Je dis donc que la souveraineté, n'étant que l'exercice de la
volonté générale, ne peut jamais
s'aliéner, et que le souverain, qui
n'est qu'un être collectif, ne
peut être représenté que par
lui-même;»
(J.-J. ROUSSEAU, citoyen de
Genève, *Du contrat social*, liv. II.
ch. I.).

«Le principe de toute souveraineté
réside essentiellement dans la nation;
nul corps, nul individu ne peut exercer
d'autorité qui n'en émane expressément».
(Déclaration (française) des droits de
l'homme et du citoyen, 20 août
1789 art. III).

En Suisse, au lendemain d'une votation populaire on
peut lire ou entendre : «le souverain a tranché». L'emploi
dans ce cas du substantif *souverain* n'est plus usuel en
France, mais il l'a été et LITTRÉ (7°) en donne cet exemple : «Dans les démocraties, le peuple est le souverain».
Dans quelle mesure l'est-il en Suisse?

Peuple souverain

La souveraineté, c'est l'autorité suprême, ou — plus
précisément — la faculté de prendre, en tout temps, des
décisions applicables à tous, sans devoir justifier son
choix : «Car tel est notre bon plaisir». Et bien entendu,
c'est aussi le pouvoir de les faire appliquer, afin qu'elles
ne demeurent pas de simples vœux.

*Qu'est la sou-
veraineté?*

Dans la plupart des États, le corps électoral se borne à
élire périodiquement des représentants investis temporairement de certaines fonctions normatives ou exécutives.
Pas de mandat impératif; ces élus sont totalement libres
de leurs décisions. Ils peuvent en prendre de contraires à
celles annoncées dans leurs programmes électoraux. Ils
peuvent méconnaître les souhaits de leurs électeurs.

**Démocratie
semi-directe**

En Suisse, pays qui ne connaît pas non plus le mandat impératif, le sens des élections des organes « législatifs » est devenu bien différent de ce qu'il était à l'origine. Ce que le peuple désigne maintenant, ce sont des assemblées chargées surtout de préparer des *projets*, qu'ensuite ce peuple approuvera — tacitement ou expressément — ou rejettera.

A ce pouvoir négatif du dernier mot se juxtapose un pouvoir novateur, qui s'exerce par-dessus la tête des élus. On verra cependant qu'à l'égard de l'innovation la souveraineté populaire est plus restreinte.

Les magistrats des pouvoirs exécutifs et judiciaires sont, les uns élus directement par le peuple, les autres élus au second degré, et leurs décisions ne sont pas soumises au referendum populaire. On précisera.

Enfin, si le Tribunal fédéral juge la constitutionnalité des décisions cantonales et municipales, il n'a pas — contrairement au Conseil constitutionnel français — mandat de contrôler les décisions des autorités fédérales.

La constitution fédérale elle-même a prévu qu'en cas d'urgence, l'Assemblée fédérale peut décider la mise en vigueur provisoire d'arrêtés fédéraux dérogeant à la constitution, mais ils perdent leur validité au bout d'une année faute d'une ratification par la double majorité (peuple et cantons) exigible pour les modifications constitutionnelles (CF art. 89 bis, al. 3).

En d'autres termes, la souveraineté du peuple suisse d'aujourd'hui n'est pas limitée, en principe, par la volonté que le peuple suisse d'hier a inscrite dans des principes constitutionnels.

Fédéralisme

A cette souveraineté du peuple suisse dans son ensemble sont subordonnées les larges autonomies des populations de chacun des cantons, qui étaient dotés de leurs propres institutions et les ajustent selon leur bon plaisir.

Au cours des chapitres suivants, on développera ces faits.

Pour l'instant, on se bornera à reproduire la partie topique du serment que chaque député au Grand Conseil genevois doit prêter avant d'entrer en fonction :

Je jure ou je promets solennellement :
de prendre pour seuls guides dans l'exercice de mes fonctions les intérêts de la République, selon les lumières de ma conscience, de rester strictement attaché aux prescriptions de la constitution et de ne jamais perdre de vue que mes attributions ne sont qu'une délégation de la suprême autorité du peuple [...]

CHAPITRE 1/2

LE CORPS ÉLECTORAL

Qui constitue ce peuple suisse souverain ?
— L'ensemble des adultes de nationalité suisse.
— Mais qui a la nationalité suisse ?
— Celui qui est citoyen d'un des cantons suisses.
— Oui, mais alors qui est citoyen d'un canton suisse ?
— Celui qui possède le droit de cité d'une de ses communes.

C'est ce qu'on nomme la commune d'origine. Notion sans lien avec le lieu de la naissance, mais d'une grande portée pour tout Suisse. Sur ses papiers d'identité comme sur les déclarations qu'il peut être amené à souscrire, est portée sa commune d'origine, et non pas son lieu de naissance. *Commune d'origine*

Cette commune d'origine est un lieu de rattachement perpétuel pour lui, ses ancêtres et ses descendants. Il ne s'agit pas seulement du lieu qui fixe l'arrondissement d'état civil où est tenu le registre de sa famille, mais d'une sorte d'indigénat local transmis héréditairement, qui détermine les droits des individus.

A ce droit de cité est liée la nationalité d'un canton. Tout Suisse a donc, pour ainsi dire, deux nationalités emboîtées l'une dans l'autre : celle de son canton d'origine et la nationalité suisse.

En d'autres termes, en chaque point du territoire suisse, coexistent 3 catégories d'êtres humains; p. ex. dans celui de Genève : *Indigènes et confédérés*

    a) les Genevois,
    b) les Confédérés (c'est-à-dire les ressortissants d'autres cantons que celui de Genève),
    c) les étrangers.

Les différences de droits entre ressortissants du canton de domicile et Confédérés sont assez importantes pour que des Confédérés sollicitent leur naturalisation dans le canton qu'ils habitent. Ainsi, en 1982, le canton de Genève a naturalisé 179 Confédérés dont 49% étaient nés dans ce canton. Nous reparlerons de cette différence juridique à propos du droit pénal et du droit social.

En matière électorale la différence est minime.

Tout citoyen suisse peut prendre part à son domicile à toutes les élections et votations en matière fédérale. Au contraire en matière cantonale et communale, il devient électeur après un établissement de 3 mois (art. 43 CF).

Naturalisation des étrangers   L'étranger qui veut acquérir la nationalité suisse doit donc

1°) obtenir une autorisation fédérale,
2°) se faire agréer par une commune,
3°) être naturalisé par le canton dont fait partie cette commune.

Traditionnellement pays d'émigration, ne cherchant pas à augmenter sa population par voie de naturalisation, la Suisse impose donc des conditions beaucoup plus rigoureuses que la France aux étrangers domiciliés sur son territoire, qui désirent en acquérir la nationalité.

L'autorisation fédérale ne peut être demandée que si l'étranger a résidé en Suisse pendant 12 ans, dont 3 au cours des 5 années qui précèdent la requête (cependant le temps passé en Suisse entre 10 et 20 ans révolus compte double, de même le temps passé en Suisse alors que l'étranger vivait en communauté conjugale avec une Suissesse de naissance (LF art. 15).

Une modification constitutionnelle adoptée à une forte majorité par le parlement fédéral, qui aurait facilité la naturalisation des jeunes étrangers élevés en Suisse, des réfugiés et des apatrides, a été repoussée en votation populaire le 4 décembre 1983 par 793 045 NON contre 644 537 OUI.

Il ne saurait être question ici d'analyser les conditions de la naturalisation dans les divers cantons : en donnant un aperçu de la seule législation genevoise on résumera encore (A. 4. 1) (art. 11) :

Étranger
    [1] L'étranger peut, dès l'âge de 18 ans révolus et sur sa demande obtenir la qualité de citoyen genevois s'il a été domicilié d'une manière effective et continue sur le territoire du canton pendant les 12 ans qui précèdent sa requête.
    [2] Ce délai est réduit à 6 ans :
    a) si sa mère est suisse de naissance ;
    b) c) [...]
    d) s'il a vécu pendant 5 ans au moins en communauté conjugale avec une femme suisse de naissance ;

e) s'il a suivi dans le canton, pendant 5 ans au moins, l'enseignement officiel ou un enseignement équivalent donné en langue française.

Ce candidat à la naturalisation doit, en outre, satisfaire à certaines conditions générales exigées tant des confédérés que des étrangers :

a) avoir avec le canton des attaches qui témoignent de son assimilation aux us et coutumes genevois ;
b) ne pas avoir été l'objet d'une ou de plusieurs condamnations révélant un réel mépris de nos lois ;
c) jouir d'une bonne réputation ;
d) avoir une situation permettant de subvenir à ses besoins et à ceux des membres de sa famille dont il a la charge ;
e) ne pas être, par sa faute ou par abus, à la charge des organismes responsables de l'assistance publique.

1) Une fois obtenue l'autorisation prévue par la loi fédérale, le demandeur formule sa demande d'agrément par une commune. *Procédure*
2) Puis le Conseil d'État fait afficher dans cette commune, pendant 10 jours les nom, prénoms, nationalité, date et lieu de naissance, profession, domicile et état de famille du candidat. Même publication dans la *Feuille d'avis officielle*. Les citoyens qui ont des objections adressent leur opposition dans les 20 jours au Conseil d'État.
3) De toutes façons le Conseil d'État fait procéder à une enquête sur le candidat et les membres de sa famille. Ensuite il procède par arrêté non motivé. S'il estime que la demande peut être acceptée, il la transmet à l'autorité exécutive de la commune, pour être soumise au conseil municipal.
4) Le conseil municipal délibère à huis clos sur cette demande, et vote au scrutin secret. S'il admet la demande, il donne un préavis sur le montant de la taxe d'admission.
5) Le Conseil d'État fixe alors la taxe d'admission et transmet la demande au Grand Conseil.
6) Celui-ci la transmet à sa commission de naturalisation qui présente son rapport et son préavis à une séance ultérieure. La délibération a lieu à huis clos et le vote au scrutin secret.
Le candidat doit dans les 3 mois verser un émolument de chancellerie et une taxe comprise entre 300 F et 30 000 F (suisses). Elle est établie proportionnellement

aux facultés (revenu, fortune) du candidat, et répartie par tiers aux œuvres de bienfaisance, au fonds de bienfaisance de la commune, à l'État.

Passons sur les possibilités de formuler une 2e demande en cas de refus d'une des autorités concernées.

7) Enfin le candidat prête publiquement devant le Conseil d'État le serment suivant :

Je jure ou je promets solennellement :

d'être fidèle à la République et canton de Genève comme à la Confédération suisse ;

d'en observer scrupuleusement la constitution, les lois et les traditions ;

de justifier par mes actes et mon comportement mon adhésion à la communauté genevoise ;

de contribuer de tout mon pouvoir à la maintenir libre et prospère.

723 étrangers (dont 38% nés en Suisse) ont passé au travers de ces divers filtres (1982).

L'acquisition de la nationalité par le seul effet de la loi, dépend uniquement de la filiation sauf un cas fort rare :

L'enfant de filiation inconnue trouvé sur le territoire suisse, acquiert le droit de cité du canton dans lequel il a été exposé et par là même, la nationalité suisse.

Une modification constitutionnelle approuvée par 892 891 OUI contre 562 668 NON tend à conférer la nationalité suisse aux enfants d'une Suissesse mariée à un étranger, comme c'était le cas des enfants d'un Suisse marié à une étrangère, d'une part, mais à ne plus conférer automatiquement la nationalité suisse à l'étrangère qui épouse un Suisse, d'autre part.

CHAPITRE 1/3

L'ÉTAT FÉDÉRAL

La Confédé-
ration

La Confédération helvétique n'existe pas; cette appellation — souvent employée en France par les médias — n'est qu'une traduction de la désignation latine CONFOEDERATIO HELVETICA, parfois employée faute de pouvoir loger [1] le nom du pays dans les 4 langues nationales : allemand, français, italien et romanche (ordre alphabétique qui est aussi l'ordre décroissant des Suisses dont c'est la langue maternelle).

En langues vivantes, les titres officiels comportent le mot suisse (ou équivalent), en français *Confédération suisse*; dans l'usage courant on dit simplement : la Confédération.

Cette appellation est un archaïsme. Deux mots d'histoire : les intrigues des Jésuites amenèrent la Diète fédérale à prohiber leur existence sur le territoire suisse (1847) et à déclarer dissous le *Sonderbund* (= Confédération séparée) qu'avaient constitué quelques cantons catholiques-conservateurs. Chargé par la Diète, avec le titre de général, de rétablir militairement l'unité du pays, le genevois Guillaume-Henri DUFOUR (ancien polytechnicien qui avait terminé comme capitaine les dernières campagnes de l'Empire français dont Genève faisait alors partie), y parvint rapidement, par une tactique habile, avec peu d'effusion de sang. En reconnaissance, par souscription publique, sa statue équestre due au sculpteur Charles Alfred LANZ, se dresse sur la place Neuve à Genève.

L'État
fédéral

En vue de prévenir toute nouvelle sécession, comme pour développer l'économie, il fallait resserrer le lien entre les cantons. On s'inspira dans une certaine mesure

---

1. Par exemple sur certaines pièces de monnaie. Au fronton du Palais fédéral à Berne, on lit : CURIA CONFOEDERATIONIS HELVETICAE. Ce même motif de pluralisme linguistique provoque l'emploi de dénominations latines, p. ex. les postes suisses émettent chaque année des séries de timbres de bienfaisance : PRO JUVENTUTE, PRO PATRIA. C'est de l'appellation latine de la Confédération que dérive le sigle CH figurant sur les véhicules à moteur.

de la constitution des États-Unis d'Amérique. A une confédération, c'est-à-dire à une alliance par traité se substituait un État fédéral, doté d'organes «législatif» (Assemblée fédérale), exécutif (Conseil fédéral) et judiciaire (Tribunal fédéral).

Les matières mises dans la compétence des pouvoirs fédéraux par la constitution du 12 septembre 1848 comprenaient les relations avec l'étranger (diplomatie, armée, douanes), la monnaie, les poids et mesures, les postes.

Constitution de 1874

Après une tentative avortée de révision générale en 1872, c'est le 19 avril 1874 que la constitution actuelle a été adoptée par le corps électoral. L'Assemblée fédérale la mit en vigueur le 29 mai 1874, dont on la date.

Mais il ne faudrait surtout pas penser que cette constitution fût restée figée depuis lors. Tout au contraire, elle a fait l'objet de nombreuses révisions partielles ; lors de son centenaire, on dénombrait déjà 80 modifications acceptées, la plupart concernant l'élargissement des compétences fédérales et non pas l'organisation des pouvoirs publics, cependant que 67 projets de révision partielle avaient été rejetés.

Souveraineté cantonale de principe

Ce mouvement n'a nullement fait de la Suisse un État unitaire. Les cantons restent des États souverains ; ils conservent le droit de tout faire dans tous les domaines, sauf dans ceux que la constitution fédérale place expressément dans la sphère d'action fédérale, et à condition de ne violer aucun des principes généraux de cette constitution. Cet état de chose est très différent du résultat des mesures de décentralisation prises en France.

Compétence fédérale d'attribution

Pour légiférer, sur le plan fédéral, il faut d'abord s'assurer que la matière de la loi envisagée est *expressément visée* dans l'énumération des compétences fédérales. Au contraire, pour légiférer sur le plan cantonal, il suffit de vérifier que le domaine touché n'est *pas compris* dans les attributions fédérales.

Cet énoncé doit être encore nuancé. Tant que la législation fédérale n'a pas statué sur une question placée constitutionnellement dans sa compétence, les cantons restent libres de s'en occuper.

Un exemple concret : celui des vacances obligatoires payées aux salariés. Peu avant et peu après la 2e guerre mondiale, la nécessité de ces vacances a été reconnue dans certains cantons qui ont légiféré. En avaient-ils le droit ? c'est-à-dire les employeurs étaient-ils obligés d'accorder ces vacances et de les rémunérer ? En effet, l'article 64 de la constitution fédérale plaçait le droit des obligations dans la sphère des attributions fédérales, et, en 1881 un code des obligations avait été promulgué ; il comportait un titre 10 qui consacrait 44 articles au contrat de travail ; or, à première vue l'octroi et le paiement de vacances aux salariés pouvaient sembler une des clauses du contrat de travail ; néanmoins, la démarche des cantons qui avaient légiféré en faveur des salariés domiciliés sur leur territoire a été reconnue valable par le Tribunal fédéral, devant lequel des employeurs avaient déposé un recours. Pourquoi ? Parce que ce titre 10 du code des obligations était muet en la matière. La protection de la santé des habitants incombe aux cantons ; donc le droit de prescrire le repos annuel nécessaire à la conservation d'une bonne santé leur, appartient ; mais si ces vacances n'avaient pas été payées, elles n'auraient pu être utilisées par ces travailleurs, qui vivent au jour le jour sur leur salaire. C'était donc à bon droit qu'une loi cantonale mettait à la charge des employeurs une *indemnité* égale au *salaire* perdu pendant cette période.

Plusieurs années après, ces lois cantonales de vacances obligatoires s'étant multipliées parallèlement à une tendance à leur allongement, les chambres fédérales ont légiféré à leur tour, assurant un minimum de 2 semaines de vacances sur tout le territoire suisse, mais ne permettant plus aux cantons de légiférer en la matière, sinon pour prolonger cette durée d'une semaine au plus.

Parfois la loi fédérale délègue aux cantons certaines attributions, p. ex. en matière de quotité disponible dans un testament ; le code civil suisse (du 10 décembre 1907) a établi une réserve en faveur des frères et sœurs, mais a autorisé les cantons (art. 472) à supprimer cette réserve ou au contraire à l'étendre aux descendants de ces frères et sœurs. C'est ainsi que les cantons romands, de même que le Tessin, Berne, Bâle-Ville ont supprimé cette réserve, tandis qu'au contraire plusieurs cantons alémaniques l'étendaient aux neveux.

Subdélégation aux cantons

Très souvent, l'exécution d'une loi fédérale incombe aux cantons. Il n'existe pas de préfets fédéraux pour les mettre en œuvre. Ce sont les gouvernements cantonaux qui les exécutent, comme ce sont les tribunaux cantonaux qui tranchent les contestations entre particuliers ou jugent les infractions aux lois fédérales.

Bien entendu les services publics fédéraux (postes, chemins de fer, etc.) ont une structure hiérarchisée, dirigée de Berne.

Beaucoup de problèmes réapparaîtront dans les chapitres suivants. Il·s'agissait seulement ici de montrer sommairement comment se réalise une certaine unité dans la diversité.

CHAPITRE 1/4

LES CANTONS

La plupart des cantons étaient des États indépendants et ils ont conservé cette indépendance. Quelques-uns sont d'anciens territoires assujettis élevés à ce rang d'État lors de leur libération (p. ex. Argovie, Vaud, Jura).

Canton = État

Ce ne sont pas des subdivisions de la Confédération tels que les départements français découpés dans l'ensemble : France.

Chacun de ces États a donc sa propre constitution. Il se l'est donnée librement, la modifie à son gré. Il est seulement tenu d'en demander la garantie à la Confédération. Cette garantie est accordée, pourvu (art. 6 CF)

a) que ces constitutions ne renferment rien de contraire aux dispositions de la constitution fédérale ;

b) qu'elles assurent l'exercice des droits politiques d'après des formes républicaines — représentatives ou démocratiques ;

c) qu'elles aient été acceptées par le peuple et qu'elles puissent être revisées lorsque la majorité absolue des citoyens le demande.

Plutôt que de proposer un tableau complexe de toutes ces constitutions, il semble préférable de présenter l'une d'entre elles, à titre d'exemple.

Constitution genevoise

La constitution de la *République et canton de Genève* a été acceptée par le peuple genevois réuni en Conseil général, le 24 mai 1847. On voit qu'elle est antérieure à la première constitution (1848) de la Confédération suisse (v. ch. 1/3). Jusqu'en 1982 inclus, elle a subi 108 modifications. En outre, en 1958, dans le cadre de l'établissement du *Recueil officiel systématique de la législation genevoise en vigueur* (v. ch. 6/3) à mise à jour automatique, ses dispositions ont subi des modifications de forme, entraînant une nouvelle numérotation des articles. Puis l'ensemble a été voté par le souverain. C'est d'après le texte actuellement en vigueur (1984) que nous citerons [1].

---

1. Les lecteurs curieux de connaître l'histoire de chaque article se reporteront à l'ouvrage de Pierre BEAUSIRE *La constitution genevoise et ses modifications annotées*, Librairie de l'Université Georg & Cie, 1979. L'auteur est chef du service de la législation et des publications officielles. Depuis lors 2 mises à jour de cet ouvrage ont paru (1980, 1983).

Elle débute par un titre I ÉTAT POLITIQUE comportant un seul article :

Souveraineté [1]

[1] La République de Genève forme un des cantons souverains de la Confédération suisse.

[2] La souveraineté réside dans le peuple ; tous les pouvoirs politiques et toutes les fonctions publiques ne sont qu'une délégation de sa suprême autorité.

[3] Le peuple se compose de l'ensemble des citoyens.

[4] La forme du gouvernement est une démocratie représentative [2].

Droits individuels

Le titre II est une DÉCLARATION DES DROITS INDIVIDUELS : égalité devant la loi, liberté individuelle, présomption d'innocence, for naturel, inviolabilité de la propriété, confiscation, liberté de la presse, liberté d'établissement, liberté de l'enseignement, droit de pétition.

Le titre III LIBERTÉ INDIVIDUELLE ET INVIOLABILITÉ DU DOMICILE traite ces questions avec tellement de détail que nous y consacrons un chapitre entier (v. ch. 4/1).

Citoyenneté

Le titre IV QUALITÉ DE CITOYEN, après avoir défini les citoyens genevois, précise que ceux-ci, sans distinction de sexe, âgés de 18 ans révolus, ont l'exercice des droits politiques, sauf ceux qui sont interdits pour cause de maladie mentale ou de faiblesse d'esprit, ceux qui exercent des droits politiques hors du canton, ceux qui sont au service d'une puissance étrangère.

Un article de ce titre indique que tout Suisse habitant le canton de Genève est tenu au service militaire.

Corps électoral

Le titre V est relatif au CONSEIL GÉNÉRAL, c'est-à-dire au corps électoral tout entier. Il vote mais ne délibère pas. Ses attributions sont énumérées ; nous les retrouverons plus en détail à propos des referendums et initiatives, et des corps qu'il élit.

Referendums, initiatives

En bonne logique, la loi fondamentale indique ensuite les attributions législatives directes du souverain en consacrant son titre VI à REFERENDUM ET INITIATIVE

---

1. Lors de la mise à jour de 1958, chaque article a reçu une note marginale, qui évoque brièvement le contenu de l'article (v. ch. 6/3).

2. Cet alinéa était valable en 1847, on verra ci-après qu'il s'agit actuellement d'une démocratie semi-directe.

(referendum cantonal, referendum municipal, droit d'initiative des électeurs); puis les titres suivants (VII à IX) indiquent les modes de désignation, les attributions et le fonctionnement des corps élus par le peuple : Grand Conseil, Conseil d'État, pouvoir judiciaire.

Corps élus

L'ORGANISATION DES COMMUNES fait l'objet du titre X. En effet, en tant qu'État souverain chaque canton règle à sa guise le découpage de son territoire, le mode d'administration de ses communes, le degré de leur autonomie.

Communes

Les titres suivants sont consacrés :

aux SERVICES INDUSTRIELS DE GENÈVE : établissement de droit public qui a pour but de fournir l'eau, le gaz, l'électricité et l'énergie thermique;

aux TRANSPORTS PUBLICS : un établissement de droit public est chargé de la gestion des transports publics;

à la PROTECTION DE L'ENVIRONNEMENT ;

Services publics économiques

à l'INSTRUCTION PUBLIQUE ;

aux CULTES : la liberté des cultes est garantie. L'État et les communes ne salarient ni ne subventionnent aucun culte. Nul ne peut être tenu par l'impôt aux dépenses d'un culte. Les cultes s'exercent et les Églises s'organisent en vertu de la liberté de réunion et du droit d'association. Leurs adhérents sont tenus de se conformer aux lois générales ainsi qu'aux règlements de police sur leur exercice extérieur;[1].

à l'ASSISTANCE PUBLIQUE ;

aux SOINS MÉDICAUX ET ÉTABLISSEMENTS PUBLICS MÉDICAUX ;

Services intellectuels et sociaux

aux DISPOSITIONS DIVERSES : aucune fondation de droit public ne peut être établie que par la loi; aucune corporation, soit congrégation, ne peut s'établir dans le canton sans l'autorisation du Grand Conseil; cette

Dispositions diverses

---

1. Ne consacrant aucun chapitre distinct au régime des cultes — purement cantonal —, ajoutons que, dans le canton de Genève, une loi ordinaire autorise le Conseil d'État à percevoir pour l'Église nationale protestante, l'Église catholique romaine et l'Église catholique chrétienne, si elles en font la demande, une contribution ecclésiastique sous forme d'un droit personnel fixe et de centimes additionnels sur les impôts cantonaux sur la fortune et sur le revenu des personnes physiques domiciliées dans le canton, dont les taux sont fixés par les organes de l'Église intéressée.

Le montant de cette contribution est indiqué sur le bordereau d'impôt adressé au contribuable, qui sur sa déclaration fiscale a mentionné sa confession sans préciser : pas d'impôt ecclésiastique.

Le recouvrement de cette contribution ne peut faire l'objet d'aucune contrainte. Les frais de perception sont déduits par le fisc du montant à verser à l'Église en cause.

autorisation est toujours révocable. La loi règle le mode de nomination de l'administration de la Banque hypothécaire du canton de Genève et de révision de ses statuts. On y trouve aussi des dispositions sur les décorations et titres étrangers, la prohibition de la chasse aux mammifères et oiseaux.

Mode de révision

Le titre XV, enfin est consacré au MODE DE REVISION de la constitution. Il y est notamment stipulé que «tous les quinze ans, la question de la revision totale de la constitution est posée au «Conseil général»(c'est-à-dire au corps électoral).

On constate qu'il s'agit bien d'une loi fondamentale instituant des pouvoirs publics, reglant leur fonctionnement, organisant de grands services publics plus en détail que de nombreuses constitutions modernes, garantissant certains droits individuels tels que ceux proclamés par la Révolution française de 1789, mais non les droits sociaux.

En quelque sorte, le peuple genevois a réalisé un demi-siècle plus tard, la vision des révolutionnaires français de 1789, puis l'a maintenue et développée jusqu'à nos jours.

*

Traités

Les cantons peuvent conclure entre eux des traités appelés concordats. Exceptionnellement ils conservent le droit de conclure avec les États étrangers des traités sur des objets concernant l'économie publique, les rapports de voisinage et de police ; évidemment ces traités ne doivent rien contenir de contraire à la Confédération, ni aux droits d'autres cantons.

CHAPITRE 1/5

LES COMMUNES

Le territoire suisse est divisé en communes (politiques). *Définition*
Le terme que nous avons mis entre parenthèses et qu'on
trouve accolé au mot commune sur certains documents
officiels, vise à éviter toute confusion avec les communes
bourgeoisiales et avec les communes scolaires, qu'on
rencontre dans certains cantons, pour remplir des fins
particulières.

Politique doit être compris ici dans son sens étymo-
logique : qui concerne la cité. Les communes suisses sont
des entités administratives ; elles n'ont pas d'attributions
nationales, contrairement aux communes françaises dont
les élus cumulent avec leurs fonctions locales la constitution des collèges chargés d'élire les sénateurs.

Les cantons souverains délèguent à leurs communes *Attributions*
certaines tâches. Comme la Confédération, celles-ci n'ont
que des compétences d'attribution. Leur étendue varie
donc d'un canton à l'autre.

A Genève, que nous prenons systématiquement comme
exemple, l'origine du régime municipal remonte à la loi
française du 28 pluviôse an VIII. C'est ce qui explique
l'air de famille des énumérations des compétences municipales genevoise et française.

Les principales attributions des conseils municipaux
portent sur le budget communal et autres dépenses, les
comptes rendus administratifs et financiers, les emprunts ;
l'administration des biens communaux, leur acquisition
et leur cession ; les constructions et démolitions d'immeubles communaux, ouverture ou suppression de voies de
communication, le régime des fonctionnaires communaux.

Tandis que dans le cadre du très vaste territoire français, *Centralisation*
intervenait une certaine décentralisation au profit des com- *cantonale*
munes, dans le périmètre restreint du canton de Genève
se produisait une centralisation marquée. Ainsi c'est la
gendarmerie cantonale qui exerce la police municipale

(à l'exception des gardes nécessaires à la surveillance des halles et des parcs de quelques communes). Le plan d'occupation des sols de la totalité du territoire est fixé par la loi cantonale et c'est le département cantonal des travaux publics qui délivre les autorisations de construire. L'assistance publique «subsidiaire aux autres prestations sociales fédérales, cantonales ou communales et à celles des assurances sociales» (CGE art. 168) est placée sous la direction générale et la surveillance du gouvernement cantonal.

Concours des communes à la désignation d'organes judiciaire, économiques, sociaux.

L'absence de missions politiques des élus municipaux n'exclut pas leur concours à la désignation de divers organes.

Ils désignent des jurés (v. ch. 2/4).

Ils concourent à la désignation d'organes économiques. Ainsi sur les 19 membres du conseil d'administration des *Services industriels,* nous trouvons 4 membres nommés par le conseil municipal de la ville de Genève, 1 membre désigné en son sein par le conseil administratif de cette même ville, 3 membres désignés par les conseillers municipaux des autres communes.

De même les élus municipaux concourent à l'élection d'organes sociaux, par exemple, de la commission administrative de l'*Hospice général,* principale institution genevoise d'action sociale.

Notre parti-pris de ne pas présenter un tableau composite nous empêche d'évoquer les attributions beaucoup plus étendues des communes dans certains cantons, notamment en Suisse alémanique.

*

Lien : citoyen-commune

Cependant la commune suisse, quel que soit le canton dont elle fasse partie, a un rôle tout à fait particulier, déjà évoqué ci-dessus (v. ch. 1/2). Chaque Suisse, où qu'il réside dans le monde entier, reste rattaché à sa commune d'origine, notion sans aucun rapport avec son lieu de naissance. C'est là qu'en cas d'indigence, on lui doit assistance, c'est là qu'il peut se réfugier quand ayant été à réitérées fois puni pour des délits graves, il se verrait banni de tous les autres cantons.

Nul ne peut devenir citoyen suisse sans l'accord préalable d'une commune. Elle prend une lourde responsabilité en l'accueillant puisqu'elle assume ainsi à perpétuité ces obligations envers lui et tous ceux qui auront hérité son nom de famille.

TITRE 2

LES MANDATAIRES DU PEUPLE

CHAPITRE 2/1
LA RÉPARTITION DES MISSIONS

En langage classique, ce chapitre s'intitulerait : la séparation des pouvoirs; ce dernier terme mettrait l'accent sur la contrainte que la Société organisée exerce sur ses membres. Relent du pouvoir exercé par le monarque sur ses sujets, cette expression est inadéquate à un corps démocratique.

Séparation des pouvoirs

Le peuple souverain répartit entre ses membres les missions nécessaires au bien commun.

Comment sont réparties en Suisse ces diverses fonctions ?

Nous avons sommairement indiqué (ch. 1/3 à 1/5) la répartition des compétences entre les niveaux fédéral, cantonal, communal. A chacun de ces niveaux, reste à répartir les missions selon leur nature, c'est-à-dire selon le caractère de la décision à prendre : générale ou individualisée, normative ou sanctionnant une violation des normes.

Les autorités distinctes instituées en Suisse ne peuvent pas être simplement identifiées aux «pouvoirs» législatif, exécutif, judiciaire. Notons en passant que cette division tripartite n'est point inscrite dans la Déclaration française de 1789. Son article XVI dit simplement que «toute société dans laquelle [...] la séparation des pouvoirs (n'est pas) déterminée, n'a point de constitution».

A chaque niveau, nous trouvons — mis à part les organes judiciaires — un organe large et un organe restreint. L'organe large est chargé d'édicter les normes générales (lois) mais est en outre investi de missions particulières importantes. L'organe restreint exécute les décisions.

L'indépendance réciproque de ces organes est totale. Le gouvernement fédéral ne peut pas dissoudre l'une des chambres du parlement, en vue de provoquer de nouvelles élections. Le parlement ne peut, par une motion de censure, obliger le gouvernement à se retirer. Le gouvernement ne peut donc pas non plus engager sa responsabilité sur un texte qui serait réputé accepté faute d'une motion de censure [1]

Parlement fédéral

Organes larges

Il en est ainsi au niveau fédéral (art. 71 CF) :

Sous réserve des droits du peuple et des cantons, l'autorité suprême de la Confédération est exercée par l'Assemblée fédérale, qui se compose de deux sections ou conseils, savoir :
A. Le Conseil national ;
B. Le Conseil des États.

L'article 85 énumère 14 sortes d'affaires qui sont, notamment, de la compétence des deux conseils. On peut les résumer comme suit :

légiférer (y compris approuver les traités avec l'étranger);
voter le budget, approuver les comptes, voter les emprunts ;
élire le Conseil fédéral, le Tribunal fédéral, le Chancelier de la Confédération, ainsi que le général en chef ; disposer de l'armée fédérale ;
exercer la haute surveillance de l'àdministration et de la justice fédérale ;
connaître des conflits de compétence entre autorités fédérales.

Le Conseil national et le Conseil des États tiennent au moins 4 sessions ordinaires par an mais ils peuvent eux-mêmes en prévoir d'autres. Sessions extraordinaires : à la demande du quart des membres du Conseil national ou de 5 cantons ou par décision du Conseil fédéral.

Parlements cantonaux

Au niveau cantonal, le Tribunal fédéral considère que les compétences qu'une constitution cantonale n'attribue pas expressément à l'un des organes qu'elle institue, appartiennent au parlement de ce canton.

Dans le canton de Genève nous ne trouvons pas d'autorité élue qualifiée de suprême ; on se rapproche de la distinction classique entre législatif, exécutif et judiciaire (art. 130 CGE). Cependant le Grand Conseil qui exerce les fonctions législatives (y compris vote du budget et des emprunts, approbation des comptes,

---

1. Le parlement lui-même ne pourrait prononcer sa propre dissolution.

approbation des concordats intercantonaux) cumule beaucoup d'autres attributions : naturalisations, droit de grâce, formation de la liste annuelle des jurés, élection des juges en cas d'élection partielle, élection annuelle des présidents des tribunaux collégiaux, assermentation des magistrats des pouvoirs exécutif et judiciaire tandis qu'il s'assermente lui-même.

Au niveau municipal, nous ne retrouvons dans le canton de Genève que des organes dits d'administration.

Conseils municipaux

Le conseil municipal prend seulement des *délibérations* mais le langage commun qualifie parfois abusivement ces corps de «législatifs». Celui de la Ville de Genève intitule ses délibérations : *arrêtés*, terme ignoré de la loi sur l'administration des communes.

Organes restreints

Conseil fédéral

Au niveau fédéral, le Conseil fédéral reçoit de l'article 102 de la constitution, les nombreuses attributions qui sont généralement celles des gouvernements de n'importe quel pays, mais après avoir retranché ce qui vient d'être dit des compétences de l'Assemblée fédérale.

Notons qu'

il veille à la sûreté intérieure de la Confédération, au maintien de la tranquillité et de l'ordre.

En cas d'urgence et lorsque l'Assemblée fédérale n'est pas réunie, le Conseil fédéral est autorisé à lever les troupes nécessaires et à en disposer, sous réserve de convoquer immédiatement les conseils si le nombre des troupes levées dépasse 2000 hommes ou si elles restent sur pied au-delà de 3 semaines (CF art. 102, al. 1, chif. 11).

Le Conseil d'État du canton de Genève, comme ses homologues des autres cantons, assume les missions habituelles d'un gouvernement (CGE art. 101 à 129). Mais il va de soi qu'il n'a pas seulement pour mission l'exécution des lois cantonales mais de maintes lois fédérales. On ne trouve rien de ressemblant à un commissaire de la République française.

Exécutif cantonal genevois

Ici aussi des précautions sont prises quant à un emploi abusif de l'armée par le gouvernement :

Lorsque le Conseil d'État appelle à un service actif extraordinaire de plus de 4 jours un corps de troupes supérieur à 300 hommes, il est tenu d'en rendre compte au Grand Conseil dans le terme de 8 jours, à dater de celui où les troupes ont été appelées (CGE art. 127).

Exécutif municipal

L'organe restreint prépare les décisions du conseil municipal et les exécute. Rien de remarquable à cela. Ce qui fait la différence avec la France c'est qu'il n'est pas l'élu du conseil municipal, comme on le verra ultérieurement.

Législation déléguée

En Suisse, comme en France, on peut distinguer 2 catégories de normes obligatoires :
1) la législation proprement dite, œuvre des organes larges que nous venons d'évoquer, ou émanant directement du peuple (v. ch. 3/1 et 3/3).
2) la législation déléguée (v. ch. 3/4).

Pouvoir judiciaire

Tribunaux

Au niveau fédéral nous trouvons un Tribunal fédéral pour l'administration de la justice en matière fédérale (CF art. 106), mais les litiges entre particuliers ou entre eux et l'administration, comme la sanction des violations des lois (qu'elles soient fédérales ou cantonales) ressortissent aux juridictions établies par les cantons (v. ch. 2/4).

CHAPITRE 2/2

LA REPRÉSENTATION PROPORTIONNELLE

Actuellement, la représentation proportionnelle est, en Suisse, le mode de désignation usuel pour les organes «larges».

Pour le Conseil national, c'est-à-dire l'homologue de l'Assemblée nationale en France (v. ch. 2/1), c'est une modification constitutionnelle provenant d'une initiative populaire (v. ch. 3/3) qui l'a instituée le 13 octobre 1918, et c'est en octobre 1919 que ce conseil a été élu pour la première fois à la proportionnelle.

Originalité du système

Il existe de par le monde divers systèmes de proportionnelle. Le système suisse est original. Il est exposé de façon si imprécise dans deux ouvrages imprimés en France — l'un d'eux prétend qu'il pourrait aboutir à faire proclamer plus d'élus que de sièges à pourvoir — qu'il faut le décrire en détail.

Disons d'abord qu'il offre à l'électeur la faculté de choisir simultanément le (ou les) partis et les personnes qui le représenteront. Pas de liste bloquée.

Système genevois

Nous commencerons par exposer le système genevois, analogue au système fédéral, mais plus aisé à comprendre. Il a d'ailleurs l'antériorité ayant été adopté en 1892 pour l'élection du Grand Conseil.

Il s'agit de pourvoir 100 sièges.

Les listes sont formées par les partis politiques ou groupes d'électeurs. Elles doivent porter les noms d'au moins 15 candidats (Art. 149 de la *loi sur l'exercice des droits politiques*).

Aucun parti ne pouvant espérer la totalité des sièges, il est bien inutile de présenter une liste complète de 100 candidats.

Suffrages

L'électeur dispose d'autant de suffrages qu'il y a de sièges à pourvoir. (Art. 152).

Donc 100 en l'occurrence.

Suffrages nomi-
natifs et de liste

Les suffrages donnés aux candidats reviennent individuellement à ces candidats (suffrages nominatifs), ainsi qu'à la liste déposée officiellement sur laquelle ils figurent (suffrages de liste). (Art. 153).

Suffrages
complémentaires

Si l'électeur modifie un bulletin ou le laisse incomplet, les suffrages autres que les suffrages nominatifs valables sont attribués à la liste qu'il a choisie à titre de suffrages de liste (suffrages complémentaires) pour le calcul de la répartition proportionnelle. (Art. 154).

Pour simplifier l'exposé, supposons que toutes les listes en présence aient obtenu le quorum dont il sera question plus loin.

Nombre
électoral

La clé initiale de répartition n'est pas le *quotient* électoral, mais le nombre obtenu en divisant le total des suffrages valables par le nombre des sièges à pourvoir augmenté d'une unité (donc par 101) et on appelle *nombre* électoral le nombre entier qui est immédiatement supérieur au résultat de cette division (art. 159).
— Quelle bizarrerie ! direz-vous peut-être. Pourquoi donc ne pas diviser le total des suffrages par le nombre de sièges à pourvoir ?
— Pour un motif mathématique très simple : la probabilité est quasi-nulle que les voix se répartissent entre les listes, exactement en proportion de plusieurs nombres dont le total égale celui des sièges à pourvoir; dans chaque élection il y aurait donc inévitablement des restes obligeant à de nouveaux calculs. Au contraire, ce *nombre* électoral légèrement inférieur à un *quotient* électoral, permet parfois d'attribuer tous les sièges dès la première répartition, et, quand ce n'est pas le cas, on aura moins de calculs ultérieurs à effectuer.
Ce système est donc éminemment pratique.
Chaque liste reçoit autant de sièges que le nombre électoral est contenu de fois dans le nombre des suffrages qu'elle a recueillis.

2e répartition

Si le nombre des députés élus par cette répartition reste inférieur à celui des sièges à pourvoir, on divise le nombre de suffrages de chaque liste par le nombre des sièges qu'elle a déjà obtenus augmenté d'une unité; le siège est attribué à la liste qui obtient le quotient le plus élevé. On procède de même tant qu'il reste des sièges disponibles (art. 161).

Il est facile de constater que ce système de R.P.
aboutit à ce que chaque député représente aussi approximativement que possible un même nombre d'électeurs,
c'est-à-dire que le Grand Conseil soit un modèle réduit du
corps électoral. C'est bien conforme à l'idée que seule
l'impossibilité matérielle de faire délibérer un souverain
aux nombreuses dizaines de milliers de têtes, oblige à
transférer à ses représentants la mission de formuler
sa volonté.

Élus

> Lorsque le nombre de députés auquel chaque liste a droit est
> connu, les candidats de cette liste qui ont réuni le plus grand
> nombre de suffrages sont proclamés élus. [...] (Art. 163).

Ce n'est donc pas l'ordre de présentation des candidats
sur la liste, qui détermine les élus; c'est le corps électoral
qui le fait, sans avoir recours à la complexité d'un vote
préférentiel.
Il est vrai que cette faculté laissée à l'électeur de
choisir ses candidats permet certaines manœuvres. Dans
un parti divisé en tendances, chacune de ces tendances
peut avantager les candidats de son choix en biffant les
autres, sans réduire en rien le nombre de sièges obtenus
par son parti; ça s'appelle «latoiser» en jargon électoral
genevois.
Les adversaires d'un parti très discipliné pourraient le
priver de ses représentants les plus dynamiques, en
ajoutant sur quelques-uns de leurs propres bulletins,
les noms des candidats les moins connus de ce parti
discipliné. Ces adversaires ôteraient ainsi quelques voix
à leur propre parti et lui feraient peut-être perdre un
siège, pour parvenir à réduire l'influence du parti
discipliné. Ce dernier pare aisément à ce risque en
chargeant des partisans sûrs de voter avec le bulletin
du parti en biffant tous les noms autres que ceux des
candidats menacés.

*Apparente-
ment*

Si un parti, pour ne pas perdre un reste éventuel, veut
courir la chance d'obtenir un siège de plus, au risque de
le faire gagner à un autre parti pour lequel il se sent plus
d'affinité que pour les autres, il peut s'y apparenter, à
condition que cette décision soit réciproque. Cette
décision d'apparentement est déclarée d'avance, par
écrit, à la Chancellerie d'État.
Un groupe de listes apparentées est considéré (après
élimination de celles qui n'auraient pas obtenu le quorum)

comme une seule liste, pour la répartition proportionnelle. Les sièges attribués à ce groupe de listes conjointes sont ensuite sous-répartis entre les listes apparentées (art. 162). Mathématiquement parlant, cet apparentement ne peut procurer à l'ensemble des listes conjointes une augmentation de sièges supérieure à $n-1$, où n = nombre de listes conjointes. Politiquement, c'est autre chose.

Quorum

Le quorum, c'est-à-dire le pourcentage des suffrages (par rapport au total des suffrages valables et non pas des électeurs inscrits) au-dessous duquel une liste est totalement exclue de toute répartition, varie d'un canton à l'autre. Il est de 7 % dans celui de Genève (ce qui limite mathématiquement à 14 le nombre de partis distincts pouvant être représentés. En fait, il est de 5 ou 6 à Genève selon les législatures).

En résumé ce système ouvre à chaque électeur un nombre énorme d'options; notamment :
a) choix en bloc d'un parti, sans modifier la liste ;
b) choix d'un parti en avantageant certains candidats de cette liste ;
c) choix d'un parti mais en appuyant tel(s) candidat(s) d'une autre liste ;
d) choix nominatif de candidats de divers partis.

Conseil national

Le système fédéral est fondamentalement le même, mais aucun quorum n'est exigé pour participer à la répartition des sièges. D'autre part l'électeur peut cumuler un candidat, c'est-à-dire l'inscrire 2 fois (au plus) sur son bulletin et les partis, qui présentent une liste, peuvent également y porter d'avance 2 fois un même candidat, mais cela les oblige alors évidemment — pour chaque candidat redoublé — à présenter un autre nom de moins sur leur liste.

Conseils municipaux

C'est aussi à la proportionnelle que sont élus un très grand nombre de conseils municipaux. Chaque canton en décide : dans celui de Genève il en est ainsi pour toutes les communes dépassant 800 habitants (art. 148 CGE).

*

Pour concrétiser ces données voici un extrait du procès-verbal de la récapitulation générale des votes, de l'élection de 100 députés au Grand Conseil du 16 octobre 1977.

Présidence de M. Jean-Paul Galland, chancelier d'État ; direction de M. Robert Perret. Contrôleurs désignés par arrêté du Conseil d'État du 3 octobre 1977, [...]

I. Renseignements généraux

Nombre des électeurs inscrits :	178 457
Nombre des estampilles délivrées :	74 694
Nombre des bulletins retrouvés :	74 517
Nombre des bulletins nuls :	276
Nombre des bulletins valables :	74 241

II. Listes en présence

Liste n° 1 Parti socialiste genevois portant 39 candidats.
Liste n° 2 Parti du travail portant 39 candidats.
Liste n° 3 Parti radical portant 49 candidats.
Liste n° 4 Parti libéral portant 44 candidats.
Liste n° 5 Vigilance portant 36 candidats.
Liste n° 6 Parti démocrate-chrétien portant 47 candidats.
Liste n° 7 Rassemblement démocratique genevois portant 21 candidats.
Liste n° 8 Union hors parti portant 16 candidats.
Liste n° 9 Alliance genevoise des indépendants et Mouvement pour une écologie humaine portant 26 candidats.

Total : 317 candidats.

III. Récapitulation des suffrages

Dénomination des listes	Suffrages nominatifs	Suffrages complémentaires	Total des suffrages de liste
1. Parti socialiste	621 368	1 021 645	1 643 013
2. Parti du travail	407 890	648 654	1 056 544
3. Parti radical	503 735	633 022	1 136 757
4. Parti libéral	528 794	790 207	1 319 001
5. Vigilance	204 116	374 637	578 753
6. Parti démocrate chrétien .	415 668	561 977	977 645
7. Rassemblement démocratique genevois	85 563	290 623	376 186
8. Union hors parti	9 771	45 523	55 294
9. Alliance genevoise des indépendants et Mouvement pour une écologie humaine	29 551	78 105	107 656
Suffrages valables	2 806 456	4 444 393	7 250 849
Suffrages nuls			200 851
Total des suffrages			7 451 700

74 517 bulletins retrouvés x 100 députés à élire =   7 451 700

IV. *Quorum*

Pour être admise à la répartition, chaque liste doit avoir obtenu au moins 7% des suffrages valables, soit :

$$\frac{7\ 250\ 849 \times 7}{100} = 507\ 559,\ 43\ \text{(quorum)}$$

V. *Élimination des listes qui n'ont pas obtenu le quorum*

Les listes suivantes, qui n'ont pas obtenu le quorum, ne sont pas admises à la répartition :

Liste n° 7 : Rassemblement démocratique genevois.

Liste n° 8 : Union hors parti.

Liste n° 9 : Alliance genevoise des indépendants et Mouvement pour une écologie humaine.

VI. *Détermination du nombre électoral*

Le nombre total des suffrages valables ayant obtenu le quorum, divisé par le nombre des députés à élire augmenté d'un (soit 101), donne 66 452 et le nombre entier immédiatement supérieur au quotient ainsi obtenu constitue le nombre électoral, soit 66 453.

VII. *Répartition des sièges*

Chaque liste admise à la répartition reçoit autant de sièges que le nombre électoral est contenu de fois dans le nombre des suffrages qu'elle a recueillis. Les groupes de listes conjointes sont considérés, pour cette répartition, comme des listes uniques.

Première répartition

1. Parti socialiste * 1 643 013
2. Parti du travail * . . . . . . .1 056 544   2 699 557 : 66 453
                                                    = 40 sièges

3. Parti radical ** 1 136 757
4. Parti libéral ** 1 319 001
6. Parti démocrate-chrétien** 977 645   3 433 403 : 66 453
                                                    = 51 sièges
5. Vigilance . . . . 578 753   578 753 : 66 453
                                                    = 8 sièges
                                            Total   99 sièges

* Suivant déclaration faite à la chancellerie d'État en date du 14 septembre 1977.

** Suivant déclaration faite à la chancellerie d'État en date du 16 septembre 1977.

Lorsque le nombre des députés élus par cette répartition reste inférieur à celui des députés à élire, on divise le nombre des suffrages de chaque liste par le nombre des sièges qu'elle a déjà obtenus, augmenté d'un. Le siège est attribué à la liste qui obtient le quotient le plus élevé.

Deuxième répartition   *sièges*

1. Parti socialiste 1 643 013
2. Parti du travail . . . . .1 056 544   2 699 557 : 41
                                               = 65 842, 85   40
3. Parti radical 1 136 757
4. Parti libéral 1 319 001
6. Parti démocrate-chrétien   977 645   3 433 403 : 52
                                         = 66 026, 98 *   52
5. Vigilance . . . . 578 753   578 753 : 9
                                               = 64 305, 88   8
                                                          Total 100

* Un nouveau siège est attribué au groupe de listes conjointes n° 3, 4 et 6 qui a obtenu le plus fort quotient.

La répartition est complète.

VIII. *Répartition des sièges entre les listes conjointes*

a) Listes n° 1 et 2   *Sièges*

Quotient = (2 699 557 : 41) + 1 = 65 842 + 1 = 65 843
1. Parti socialiste . . . .   1 643 013 : 65 843 =   24
2. Parti du travail . . . .   1 056 544 : 65 843 =   16
                                                       Total =   40

b) Listes n° 3, 4 et 6

Quotient = (3 433 403 : 53) + 1 = 64 781 + 1 = 64 782 Sièges
3. Parti radical . . . .   1 136 757 : 64 782 =   17
4. Parti libéral . . . .   1 319 001 : 64 782 =   20
6. Parti démocrate-chrétien .   977 645 : 64 782 =   15
                                                       Total =   52

IX. *Résultats définitifs*

1. Parti socialiste . . . . 24 sièges
2. Parti du travail . . . . 16 sièges
3. Parti radical . . . . 17 sièges
4. Parti libéral . . . . 20 sièges
5. Vigilance . . . . 8 sièges
6. Parti démocrate-chrétien . . . . 15 sièges
7. Rassemblement démocratique genevois . . . . 0 siège
8. Union hors parti . . . . 0 siège
9. Alliance genevoise des indépendants et Mouvement pour
   une écologie humaine . . . . 0 siège
                       Total . . . . 100 sièges

Fait à Genève, le 19 octobre 1977.

Signatures :
    Présidence :   Direction :   Contrôleurs :
Jean-Pierre Galland   *Robert Perret*   *Alain Ackermann*
                                              Edmond Bolle   René Budry
                                              Nicolas Julita   André Looten
                                              André Mahler   Émile Piguet
                                              Jean Sappino Henri Vaucher

CHAPITRE 2/3

LA COLLÉGIALITÉ DES EXÉCUTIFS

Forme des exécutifs

Vu de France, le trait le plus marquant du pouvoir exécutif en Suisse est sa collégialité. Tandis que dans la quasi-totalité des pays, on trouve un chef de l'État, roi ou président de la République,

Confédération
> L'autorité directoriale et exécutive supérieure de la Confédération est exercée par un Conseil fédéral de sept membres. (CF. art. 95).

C'est ce collège qui conclut les traités. Exemple de ce contraste, le préambule d'une convention franco-suisse :

> Le Conseil fédéral de la Confédération suisse et le Président de la République française, désireux d'éviter les doubles impositions en matière d'impôts sur le revenu et sur la fortune, ont décidé de conclure une convention et ont nommé à cet effet comme plénipotentiaires [...] (Convention entre la Confédération suisse et la République française en vue d'éviter les doubles impositions en matière d'impôts sur le revenu et sur la fortune (du 9 septembre 1966).

C'est toujours ce collectif qui prend les décrets d'application des lois, sous le nom d'*ordonnances*. Exemple : l'ordonnance III sur l'assurance-maladie concernant les prestations des caisses-maladie et fédérations de réassurance reconnues par la Confédération (du 15 janvier 1965).

> Le *Conseil fédéral suisse*
> vu les articles [...] de la loi fédérale du 13 juin 1911 sur l'assurance en cas de maladie et d'accidents (appelée ci-après «loi»)
> *arrête* [...]

Les membres du Conseil fédéral se répartissent — pour la durée de la législature — les départements (ministères) que chacun gèrera.

Cantons
Ce caractère collectif, nous le retrouvons généralement dans les exécutifs cantonaux. Ainsi dans le canton de Genève que nous prenons systématiquement comme exemple cantonal :

Le pouvoir exécutif et l'administration générale du canton sont confiés à un Conseil d'État composé de sept membres (CGE art. 101).

Généralités

Le Conseil d'État promulgue les lois ; il est chargé de leur exécution et prend à cet effet les règlements et arrêtés nécessaires (CGE art. 116).

Promulgation et exécution des lois

Le Conseil d'État édicte les règlements de police dans les limites fixées par la loi (CGE art. 125).

Règlements de police

C'est aussi ce Conseil d'État qui prend les règlements d'application dans le canton des textes fédéraux. Exemple : *Règlement sur le contrôle des viandes* : (du 15 avril 1958)

LE CONSEIL D'ÉTAT,
vu la loi fédérale sur le commerce des denrées alimentaires, du 8 décembre 1905, son ordonnance d'exécution du 26 mai 1936, et la loi genevoise d'application, du 27 octobre 1909 ; vu l'ordonnance fédérale sur le contrôle des viandes, du 11 octobre 1957,
                        Arrête : [...]

Là encore, dès leur élection, les conseillers d'État se répartissent la gestion des divers départements.

Au niveau municipal, dans les communes genevoises dont la population est importante, l'autorité exécutive est aussi un collège. Ainsi le *Conseil administratif* de la ville de Genève compte 5 membres, celui des autres communes de plus de 3000 habitants en compte 3.

Communes genevoises

C'est cette autorité collective qui, pour les 4 années de son mandat, répartit les tâches entre ses membres ; à l'un, par exemple : les finances, à un autre : les bâtiments municipaux, etc. Les décisions importantes restent de la compétence du *Conseil administratif*, dans son ensemble, notamment la présentation du projet de budget.

Dans les communes moins peuplées, nous trouvons un maire et 2 adjoints ; le maire, sous sa responsabilité, délègue une partie de ses fonctions à ses adjoints, délégation qu'il peut retirer en tout temps.

Désignation des exécutifs

Nous venons d'esquisser la forme des pouvoirs exécutifs. Reste à dire qui les élit.

Conseil fédéral   Les membres du Conseil fédéral sont nommés pour quatre ans, par les conseils réunis, et choisis parmi tous les citoyens suisses éligibles au Conseil national. On ne pourra toutefois choisir plus d'un membre du Conseil fédéral dans le même canton. (CF art. 96).

Ce sont donc uniquement les membres du Conseil national et du Conseil des États qui procèdent à cette élection; ils peuvent choisir un non-parlementaire.

Cette même assemblée fédérale désigne, parmi les 7 membres du Conseil fédéral, celui qui, *pendant une année seulement* le présidera et portera en même temps le titre de «président de la Confédération» (mais sans être chef de l'État, comme on l'a vu plus haut). Le président sortant de charge ne peut être élu président ou vice-président pour l'année qui suit. Le même membre ne peut revêtir la charge de vice-président 2 années de suite (CF art. 98). On voit ici les précautions prises pour éviter tout pouvoir personnel.

Conseil d'État   Tandis que le Conseil fédéral est une émanation indirecte du suffrage universel, les électeurs genevois élisent directement leur gouvernement cantonal. Le Conseil d'État est élu par le corps électoral, en un seul collège, à la majorité relative, à condition que le nombre de voix obtenu ne soit pas inférieur au tiers des bulletins valables (cf. CGE art. 102 et 50). Ce n'est donc ni à la proportionnelle, ni à la majorité absolue, qu'est élu cet exécutif cantonal.

Ici, c'est le Conseil d'État qui nomme chaque année, parmi ses membres, son président et son vice-président. Le président n'est rééligible qu'après un an d'intervalle (CGE art. 114).

Conseils administratifs   Les membres des conseils administratifs, dans ce canton, sont élus par leurs communiers, également tous les 4 ans, selon le même procédé que le Conseil d'État.

Le Conseil administratif choisit, pour une année, parmi ses membres un président qui porte le titre (honorifique) de maire. A Genève-ville, il n'est rééligible à ce titre qu'après un intervalle d'une année.

*

On remarque, à tous les niveaux, les précautions prises pour prévenir toute personnalisation du pouvoir. Mais ces changements annuels de présidence aux niveaux fédéral, cantonal ou urbain n'entraînent aucun changement des départements que chacun dirige, leur attribution restant stable pendant toute une législature et souvent bien plus longtemps.

Indirectement, le système assure une formation pratique aux responsabilités exécutives d'un nombre relativement élevé de citoyens.

En commençant ce chapitre, nous avons dit que la collégialité du pouvoir exécutif en Suisse frappait le Français moyen. Il faut cependant ajouter qu'en créant les municipalités françaises, la Constituante avait institué dans chaque commune de plus de 499 habitants un «bureau», chargé de tous les soins de l'exécution (Décret du 14-12-1789, art. XXXV et XXXVII) tandis que par la loi des 22 décembre 1789 - 8 janvier 1790, elle instituait dans chaque département un «directoire» de 8 membres, chargé de la gestion (Sect. II, art. XX et XXIII).

Collégialité d'autorités exécutives françaises

LE POUVOIR JUDICIAIRE

Le pouvoir judiciaire étant essentiellement cantonal, on donnera une idée de son organisation en partant de la constitution qui nous sert d'exemple, celle de la République de Genève.

Séparation

Le pouvoir judiciaire est séparé du pouvoir législatif et du pouvoir exécutif. (CGE art. 130).

Élections judiciaires

Conséquence de cette séparation, les magistrats du pouvoir judiciaire, à l'exception des juges prud'hommes, sont élus par le corps électoral en un seul collège à la majorité relative, sous réserve d'obtenir au moins le tiers des bulletins valables (cf. CGE art. 132 et 50). Cette élection a lieu tous les 6 ans; les magistrats sortant de charge sont immédiatement rééligibles.

Sont ainsi élus, non seulement les juges du siège mais le procureur général, ses substituts et les juges d'instruction.

Dans ce laps de 6 ans, des sièges peuvent devenir vacants. Si leur nombre ne dépasse pas 4 à la fois, le Grand Conseil pourvoit à ces- élections partielles pour une période expirant lors du renouvellement général.

Jury

L'institution du jury en matière criminelle est garantie, sauf en ce qui concerne les tribunaux chargés de connaître des infractions commises par des mineurs (CGE art. 137).

Les jurés sont pris parmi les citoyens suisses, sans distinction de sexe, âgés de plus de 25 ans et de moins de 60 ans (CGE art. 137).

Chaque conseil municipal, désigne en séance publique 1 % de ses habitants de nationalité suisse. La liste ainsi composée, épurée par le Conseil d'État de ceux qui sont exclus par la loi (faillis inexcusables, certains condamnés), est transmise au Grand Conseil, dont une commission de 15 membres la réduit, par élimination, à 800 jurés, proportionnellement à la présentation de chaque commune.

C'est sur cette liste de 800 jurés que le président de la Cour de justice tire au sort, en séance publique, pour la session courante, 40 jurés (en règle générale : une session tous les 3 mois). C'est enfin, après les récusations permises d'une part au procureur général, d'autre part aux accusés, qu'a lieu le tirage définitif des 12 jurés qui jugeront l'affaire. (Cour d'assises).

En matière correctionnelle, la cour siège avec 6 jurés à moins que le prévenu n'ait formellement demandé au juge d'instruction à être jugé sans jury.

Les prud'hommes sont élus au scrutin de liste, à la *Prud'hommes* majorité relative (sous réserve d'obtenir plus du tiers des bulletins valables), tous les 6 ans, mais séparément par les employeurs d'une part, les salariés de l'autre, de chaque groupe professionnel (art. 140 et 141 CGE).

La nomenclature des tribunaux pénaux : cour d'assises, *Nomencla-* cour correctionnelle, tribunal de police, le tout coiffé par *ture* une cour de cassation, est proche de celle de l'ex-code français d'instruction criminelle, dont s'est inspiré le code de procédure pénale genevois.

En matière civile, la justice est exercée par une justice de paix, un tribunal de première instance, une cour de justice, une chambre des tutelles, des tribunaux de prud'hommes. Il n'existe pas de tribunaux de commerce. Ici aussi l'inspiration initiale du code de procédure civile français est évidente. Nous ne pouvons faire un parallèle des 2 textes mettant en évidence leurs ressemblances et dissemblances. On note seulement que la procédure genevoise se passe d'avoués, même en appel.

Il existe un tribunal administratif et un tribunal des conflits.

On signale enfin que les juges, tant au civil qu'au pénal, ou en matière administrative, siègent sans robe.

*

Les magistrats du pouvoir judiciaire sont soumis à la *Discipline* surveillance d'un Conseil supérieur de la magistrature.

Le Conseil d'État ne peut, de son propre chef, prononcer aucune sanction, ni prendre aucune mesure contre un magistrat ; il doit se borner à ratifier ou à rejeter les propositions du Conseil supérieur de la magistrature (CGE art. 124 et 135).

Tribunal   Coiffant les tribunaux cantonaux
fédéral
Il y a un Tribunal fédéral pour l'administration de la justice en matière fédérale. (CF art. 106).

Il ne faut point y voir une cour suprême à l'américaine, ni un conseil constitutionnel analogue à celui de la 5ᵉ République française. Il n'a pas compétence de se prononcer sur la constitutionnalité des lois votées par l'Assemblée fédérale ou par le peuple suisse. Nous avons même vu qu'en cas d'urgence la constitution fédérale permet à cette Assemblée fédérale de déroger temporairement à la constitution (v. ch. 1/1). Ainsi nul ne peut opposer les principes posés jadis par le peuple souverain d'autrefois à la volonté du souverain d'aujourd'hui. Au contrôle de la constitutionnalité des lois se substitue la voie du referendum facultatif ou obligatoire.

Cependant il ne faut pas s'y tromper. Cette souveraineté absolue est celle du peuple suisse pris dans sa totalité, mais non pas de chacune de ses fractions. Si un canton adopte une loi anticonstitutionnelle, prend une mesure abusive contre un particulier, le recours de droit public au T.F. (Tribunal fédéral) joue un rôle analogue au pourvoi devant le Conseil d'État en France.

Dans un canton, ni le gouvernement, ni le parlement, ni même le peuple, ne peut violer la constitution fédérale, ni même la constitution cantonale, sans que sa décision soit cassée par le Tribunal fédéral.

Il convient également d'assurer l'uniformité d'interprétation du droit civil suisse et du code pénal suisse, par les tribunaux de tous les cantons. Telle est aussi la mission du T.F. Ici on peut comparer son rôle à celui de la Cour de cassation en France.

Le Tribunal fédéral comporte donc plusieurs chambres (cour de cassation pénale, chambre de droit public, cours civiles).

Soulignons la facilité d'accès de chacun à cette haute instance. Tout intéressé peut former gratuitement son recours sans ministère d'avocat. Il suffit qu'il le fasse parvenir dans le délai légal au greffe du T.F. (à Lausanne).

La procédure est écrite, mais, après avoir ouï le rapport du juge rapporteur commis dans l'affaire, les magistrats opinent publiquement, puis annoncent leur décision. En application du principe d'indépendance de la justice, il n'y a pas de commissaire du gouvernement en matière de droit public.

Mis en forme, les arrêts se présentent différemment de ceux des juridictions françaises. Ils font plutôt penser aux arrêts de la Cour internationale de justice, de la *Supreme Court* des U.S.A., ou du *Reichsgericht* allemand : exposé historique de l'affaire, suivi de la discussion des arguments du demandeur et du défendeur. Voici en exemple un extrait d'un arrêt mémorable concernant la garantie du droit de propriété ; c'est l'arrêt du 14 novembre 1962 dans la cause Dafflon contre Grand Conseil du canton de Genève [1] :

A.— Le 25 janvier 1957, le Grand Conseil du canton de Genève adopta une loi autorisant le Conseil d'État à prendre diverses mesures en vue d'encourager la création de logements à loyer modéré. Ces mesures consistent en subventions, en exemptions fiscales et dans le cautionnement par l'État de prêts hypothécaires. A l'origine, les prêts ainsi garantis ne devaient pas dépasser, aux termes de la loi, la somme de 70 millions de francs. Ce montant fut porté successivement à 150, 220 et enfin par une loi du 24 février 1961, à 400 millions de francs.

Avant que cette dernière loi ne fût édictée, Roger Dafflon, électeur à Genève, et un certain nombre de ses concitoyens lancèrent une initiative «pour la construction de logements à loyer modéré dont 3000 au moins immédiatement». Cette initiative, souscrite par plus de 10 000 signataires, propose d'intituler la loi précitée «loi tendant à stimuler la construction de logements à loyer modéré» et de lui ajouter les dispositions suivantes :

«Art. 7*bis*.— Toute modification des limites de zone (il s'agit des diverses zones fixant les caractéristiques des constructions) ouvre à l'État un droit de préemption sur les terrains déclassés.

Faute d'accord amiable, l'État peut les acquérir par voie d'expropriation pour cause d'utilité publique aux fins de construction de logements.»

«Art. 7*ter*.— L'État et les communes de plus de 5000 habitants sont tenus soit de construire eux-mêmes les logements visés par l'alinéa 3 du présent article, soit de mettre, pour une durée de 80 ans au moins, le droit de superficie sur des terrains leur appartenant à la disposition de coopératives de construction ou de fondations de droit public, qui prennent l'engagement d'en édifier.

Ce droit de superficie est concédé, au gré du concédant, soit gratuitement, soit moyennant une rente foncière qui ne doit pas dépasser l'intérêt, calculé au taux courant des emprunts du concédant, de la valeur pour laquelle le terrain est entré dans son patrimoine.

---

1. Arrêts du Tribunal fédéral suisse rendus en 1962. Recueil officiel. 88e vol., 1ère partie. Droit public et droit administratif, p. 248-259.

Le nombre d'appartements à loyer modéré dont la construction doit être entreprise dans le délai de 2 ans de l'adoption du présent article, est fixé à 3000. Le Conseil d'État les répartit entre l'État et les communes visées en tenant compte des terrains disponibles et, en ce qui concerne les communes, du nombre de leurs habitants et de la densité de leur population.

Ces logements doivent pouvoir être habités moins de 18 mois après le début des travaux.»

B.– Le 23 février 1962, le Grand Conseil du canton de Genève déclara cette initiative irrecevable et décida de ne pas la soumettre au vote du peuple. Au cours des débats, la majorité se fonda sur une consultation qui avait été demandée aux professeurs H. Huber et R. Patry. Elle fit essentiellement valoir que le texte soumis au Grand Conseil violait, de plusieurs manières, la garantie de la propriété et le principe de la force dérogatoire du droit fédéral. L'autonomie communale fut également invoquée.

C.– Contre la décision du Grand Conseil, Roger Dafflon a interjeté un recours de droit public. Il soutient que l'initiative n'est pas inconstitutionnelle.

Le Conseil d'État, qui agit au nom du Grand Conseil, conclut au rejet du recours.

Considérant en droit :

I.

1.– Le recourant affirme que l'initiative aurait dû être soumise au vote populaire. Il entend ainsi se plaindre d'une violation de son droit individuel à participer à l'élaboration des lois par le moyen de l'initiative. Comme il est citoyen actif du canton de Genève, il a qualité pour interjeter à ce sujet un recours de droit public. *

2.– Ainsi que le Tribunal fédéral l'a déjà admis, le Grand Conseil du canton de Genève avait le pouvoir, s'il estimait l'initiative inconstitutionnelle, de la déclarer irrecevable et de la soustraire à la votation du peuple. * Il convient de rechercher en revanche si c'est avec raison qu'il a fait en l'espèce usage de ce pouvoir.

II

D'après une opinion qui a prévalu au Grand Conseil, l'art. 7*bis,* al. 2 de l'initiative, qui autorise l'État à acquérir les terrains déclassés par voie d'expropriation, serait contraire à la garantie de la propriété.

1.– Selon l'art. 6 Cst. gen. et la jurisprudence du Tribunal fédéral, l'État peut procéder à une expropriation quand la loi l'y autorise, qu'il agit dans l'intérêt public et qu'il verse une juste

---

* L'arrêt donne les références d'arrêts antérieurs, qu'il est ici sans intérêt de reproduire. Nous agissons de même par la suite.

indemnité au propriétaire lésé. Les conditions relatives à la base légale et à l'indemnité sont incontestablement remplies. D'une part en effet, une fois approuvé par le peuple, l'art. 7bis de l'initiative, qui confère à l'État le droit d'expropriation, serait inscrit dans une loi. Il est clair d'autre part que les propriétaires de terrains déclassés ne se verraient pas dépossédés de leur bien sans recevoir une juste indemnité. Il reste dès lors à savoir si l'expropriation serait dans l'intérêt public.

A cet égard le Tribunal fédéral ne s'est généralement reconnu qu'un pouvoir d'examen restreint *. Le plus souvent en effet, le problème litigieux vise un cas concret et se caractérise surtout comme une question de fait. En l'espèce, la loi que les auteurs de l'initiative voudraient faire adopter à Genève pose d'une manière générale le principe de l'expropriation à l'égard de terrains non encore individualisés, en vue, il est vrai, de travaux d'un genre déterminé. Elle soulève une question qui ressortit davantage au droit qu'au fait. Les raisons qui justifient la retenue que le Tribunal fédéral observe ordinairement n'existent pas en l'espèce au même degré. La Cour de céans peut donc statuer avec plein pouvoir.

2.– Outre – cela va de soi – les travaux rendus nécessaires par l'exploitation d'un service public, le Tribunal fédéral a, jusqu'à maintenant, généralement considéré comme étant d'intérêt public les mesures de police, telles que celles prises dans l'intérêt de l'hygiène *, de la circulation *, du repos public *, ou de la police du feu *. Dépassant ce cadre relativement étroit, le Tribunal fédéral a fait également rentrer parmi les mesures d'intérêt public celles qui sont prises en matière d'urbanisme, par exemple, en vue d'améliorer l'aménagement ou l'utilisation d'un quartier *. Allant plus loin encore, il a admis que la sauvegarde de valeurs esthétiques ou culturelles est d'intérêt public. Il l'a par exemple reconnu lorsqu'il s'est agi de protéger la flore ou la faune d'une contrée, des paysages ou des sites particulièrement remarquables * ou lorsque l'autorité cantonale se proposait d'améliorer l'aspect d'un quartier urbain *. En revanche, les intérêts purement fiscaux de l'État n'ont jamais été considérés comme étant d'intérêt public *.

Si la jurisprudence a peu à peu élargi la notion d'intérêt public pour l'adapter à la nature nouvelle des tâches dévolues à l'État, elle a cependant toujours exigé, du moins implicitement, que l'intérêt public fût directement en cause et qu'il suffît à lui seul à justifier l'atteinte portée au droit de propriété. C'est ainsi que, dans de nombreux arrêts, le Tribunal fédéral s'est assuré que l'entreprise en vue de laquelle l'expropriation était demandée se trouvait justifiée dans sa totalité par l'intérêt public *. Il n'a cependant jamais exigé que ces entreprises fussent destinées à servir exclusivement l'intérêt public. Au contraire, il a souvent déclaré constitutionnelles des expropriations qui favorisaient en même temps des intérêts privés, pourvu qu'il n'y ait pas une disproportion évidente entre l'intérêt privé réellement poursuivi et l'intérêt public allégué *.

Sur le plan de l'intérêt public, l'initiative litigieuse se distingue à un double point de vue des cas ordinairement soumis au Tribunal fédéral.

Tout d'abord, si elle se caractérise comme une simple mesure de police en tant qu'elle vise à procurer un logement à des personnes qui sinon se trouveraient à la rue, elle constitue pour le surplus une mesure générale de politique sociale et économique. Elle a ainsi une portée plus grande que les actes de l'État auxquels la jurisprudence a jusqu'ici reconnu le caractère d'utilité publique. Qu'elle touche à l'intérêt public, cela n'en est pas moins certain. Dans son arrêt du 19 septembre 1962 en la cause Chambre genevoise immobilière et consorts contre Conseil d'État du canton de Genève *, le Tribunal fédéral a déjà jugé que le problème du logement est un problème d'intérêt public. La collectivité tout entière y est intéressée, surtout lorsqu'il s'agit de la construction d'habitations à loyer modéré. En effet, la création de tels logements contribue notamment à maintenir la paix sociale et à lutter contre la hausse du coût de la vie.

Il n'en demeure pas moins — et c'est le second point sur lequel l'initiative litigieuse se distingue des cas examinés habituellement par la jurisprudence — que l'intérêt public mis en cause est touché d'une façon surtout indirecte. Les prestations de l'État en vue de la construction d'habitations à loyer modéré serviraient en premier lieu les intérêts privés des personnes admises à occuper ces logements. Toutefois, l'intérêt public en jeu est suffisamment important pour que, malgré cette situation, il puisse être considéré comme justifiant une expropriation. D'ailleurs, le Tribunal fédéral a jugé que, lorsque l'intérêt public est en cause, l'expropriation peut être ordonnée, même lorsqu'elle sert aussi et de façon prépondérante, des intérêts privés *. S'il a posé un tel principe autrefois, il ne saurait aujourd'hui interdire une expropriation fondée sur des motifs importants d'intérêt public pour la simple raison que cet intérêt n'est touché qu'indirectement.

3.— Comme cela ressort des considérations qui précèdent, l'État peut décréter l'expropriation dans le cadre de mesures d'intérêt général relevant de la politique sociale ou économique. En cette matière, toutefois, les pouvoirs de la corporation publique sont si étendus et encore si mal définis que le principe ainsi posé risquerait de toucher très gravement le droit de propriété, si sa portée n'était pas d'emblée précisée. A cet égard, il y a lieu de souligner que la garantie de la propriété interdit aux cantons de prendre des mesures qui supprimeraient ou videraient de sa substance la propriété privée envisagée comme institution fondamentale de l'ordre juridique suisse. L'expropriation ordonnée pour des motifs de politique sociale ou économique doit donc comporter en elle-même certaines limites.

En l'espèce, le recourant et les auteurs de l'initiative définissent le droit de préemption prévu par l'initiative comme le droit pour l'État, au cas où le propriétaire d'un terrain déclassé le vendrait, d'être préféré à tout autre acquéreur (voir recours, p. 27/28, Mémorial des séances du Grand Conseil, 23 février 1962, p. 440). Ils soulignent également (loc. cit.) que l'État ne peut exercer son droit de préemption que si le propriétaire entend vendre. En pareil cas, disent-ils, il pourra arriver que le propriétaire cède sa parcelle à l'État à la suite d'un accord amiable. Si un tel accord ne peut être conclu, il reste alors à l'État la voie de l'expropriation. Conformément à l'art. 7bis, al. 2, celle-ci ne peut cependant être autorisée qu'« aux fins de construction de logements ». Ces logements ne sont pas de n'importe quelle nature. Il s'agit exclusivement d'habitations à loyer modéré. Les auteurs de l'initiative justifient en effet leur proposition exclusivement par la nécessité « d'édifier de nombreux appartements à loyer modéré », qu'ils définissent de manière précise en fixant le loyer maximum (450 fr. par an et par pièce). En outre, la législation genevoise indique le revenu au-dessus duquel le locataire ne peut plus garder un appartement à loyer modéré. Les autorités étant en mesure de connaître le revenu de chaque habitant et le prix de son loyer, elles peuvent déterminer d'une manière précise les besoins en logements à loyer modéré. Ces besoins ne sont pas indéfinis puisqu'ils sont limités à ceux d'une partie déterminée de la population, c'est-à-dire des habitants ayant un revenu inférieur à un chiffre donné.

L'expropriation ne peut pas non plus être exercée à l'égard de n'importe quel terrain. Comme l'indique clairement l'art. 7bis, elle ne saurait atteindre que des terrains « déclassés », c'est-à-dire des terrains qui seront déclassés à la suite d'une modification des limites de zone. Or le recourant observe — et le Conseil d'État ne le conteste pas — « que la grosse majorité de la fortune immobilière genevoise se trouve déjà dans des zones qui ne peuvent être l'objet d'un déclassement ». Il est dès lors exclu que l'application des dispositions de l'initiative fasse passer aux mains de l'État la totalité, ou du moins la plus grande partie, du territoire genevois. De plus, conformément à l'art. 12 de la loi genevoise du 25 mars 1961 sur les constructions et les installations diverses, toute modification des limites de zone doit être soumise à l'approbation du Grand Conseil. La décision du Grand Conseil est prise sous la forme d'une loi. S'agissant d'une modification ordonnée dans le cadre des dispositions de l'initiative, cette loi déterminerait de façon précise les terrains déclassés. Outre que, sauf cas d'urgence exceptionnelle, elle serait soumise au referendum facultatif (art. 53 et 55 Cst. gen.) elle serait susceptible d'un recours de droit public de la part des propriétaires atteints qui pourraient demander au Tribunal fédéral d'examiner notamment si, au regard des circonstances particulières du cas d'espèce, le déclassement est d'intérêt public.

Ainsi l'expropriation prévue par l'art. 7 *bis* serait décrétée exclusivement pour la construction d'habitations à loyer modéré. Elle concernerait les seuls terrains qui seraient déclassés et, du point de vue de l'intérêt public, pourrait faire l'objet d'un nouvel examen dans chaque cas particulier. Elle comporte dès lors, en elle-même, des limites suffisantes pour qu'elle ne supprime pas ni ne vide de sa substance la propriété privée. Ces limites permettent de distinguer nettement la présente espèce du cas examiné par le Tribunal fédéral dans son arrêt non publié du 17 juin 1959 en la cause Liberalsozialistische Partei Basel et consorts contre Grand Conseil du canton de Bâle-ville. En effet, il s'agissait alors d'un projet de loi qui *obligeait* l'État à acheter peu à peu *tous* les terrains disponibles et qui tendait ainsi à faire passer en mains de la puissance publique l'ensemble des propriétés privées. Il saute aux yeux que l'initiative genevoise n'a pas cette portée.

4.— Il reste à savoir si l'initiative viole la garantie de la propriété du fait qu'elle autorise l'expropriation non pas de cas en cas, mais d'une façon générale, pour tous les immeubles déclassés. Cette question doit être résolue négativement. Le droit genevois admet en effet qu'une loi applique à certains travaux les dispositions sur l'expropriation. Sans doute, il faut ensuite que, par un acte du pouvoir, des travaux déterminés d'une manière concrète soient placés sous le coup de la loi. Cette condition est cependant remplie en l'espèce. En effet, pour modifier les limites d'une zone, une nouvelle loi sera nécessaire qui, on l'a vu, fixera dans chaque cas particulier les limites exactes des terrains destinés à tomber sous le coup des dispositions de l'initiative.

III.

(Ici le T.F. discute et résoud négativement la question de savoir si l'initiative serait contraire au principe de la force dérogatoire du droit fédéral.)

IV.

On s'est demandé enfin au Grand Conseil si l'initiative serait éventuellement contraire à un principe non écrit du droit constitutionnel genevois, suivant lequel l'État ne devrait pas imposer aux communes des obligations dépassant leurs possibilités et risquant de les désorganiser. Le Conseil d'État observe qu'il pourra ménager les communes en répartissant les logements à construire entre elles et le canton. Le Tribunal fédéral n'a pas de raison de s'écarter de cette opinion.

V.

Il n'a pas été formulé, du moins sérieusement, d'autres critiques que celles discutées dans les considérants qui précèdent. La Cour de céans ne voit d'ailleurs pas que, sur d'autres points que ceux examinés ci-dessus, l'initiative litigieuse puisse prêter à discussion. Celle-ci ne contient dès lors pas de dispositions inconstitutionnelles, de sorte que le Grand Conseil devait la déclarer recevable et la soumettre au peuple conformément à l'art. 66 Cst. gen.

Par ces motifs, le Tribunal fédéral
Admet le recours et annule la décision attaquée.

*

Il n'existe pas d'ordres dotés de pouvoirs disciplinaires sur une profession, tels que les ordres des avocats, des architectes, des médecins, etc. en France. La réglementation de ces professions, y compris leur discipline, appartient aux cantons.

Il existe bien à Genève un «ordre des avocats», mais c'est une organisation privée à laquelle nul n'est tenu d'adhérer pour exercer cette profession.

Pouvoir disciplinaire

CHAPITRE 2/5

MODALITÉS DU VOTE

Qu'il s'agisse d'élections ou de votations, l'opération doit révéler la volonté du plus grand nombre possible de membres du souverain.

Liste électorale

Ce principe postule d'abord l'inscription sur les listes électorales de tous ceux qui ont vocation à y figurer.

La constitution fédérale précise que tout Suisse peut prendre part, au lieu de son domicile, à toutes les élections et votations en matière fédérale, que nul ne peut exercer de droits politiques dans plus d'un canton et qu'établi, il jouit au lieu de son domicile, de tous les droits des citoyens du canton et des bourgeois de la commune (art. 43 CF).

A Genève, l'inscription des citoyens genevois et celle des citoyens confédérés domiciliés a lieu d'office. Une démarche individuelle n'est nécessaire que dans les rares cas d'erreur ou d'omission. Le service cantonal dénommé « contrôle de l'habitant » tient les rôles à jour en permanence (et non pas annuellement) : inscription des jeunes atteignant leur majorité ou des nouveaux arrivants, radiation des décédés ou des citoyens qui sont partis.

En France, le code électoral laisse à l'électeur un certain choix de son lieu de vote, s'il paie des contributions directes dans une commune autre que celle de son domicile. Rien de tel n'est possible à Genève, seul le domicile détermine le bureau de vote.

Étalement du scrutin

Afin de rendre aussi aisée que possible la participation de chaque électeur au scrutin, la législation fédérale étale les possibilités de voter sur plusieurs journées. Ainsi celui qui serait retenu par son service public (cheminot, tramelot, etc.) ou qui souhaiterait partir à la montagne pour la fin de semaine, n'aura aucune difficulté. Par exemple, dans le canton de Genève, cet étalement comprend actuellement 2 phases :

1°) un bureau central est ouvert de 8 h à 20 h les mercredi et jeudi précédant la date de clôture du scrutin, où chaque électeur peut voter sans aucun avis préalable. Après avoir rempli et signé une déclaration qu'il ne votera pas dans son local normal de vote, son nom est biffé sur la liste d'émargement de ce local normal et il est admis à voter ;

2°) tous les bureaux de vote des communes et des quartiers sont ouverts le vendredi de 18 à 21 h et le dimanche de 10 à 12 h. Dans les localités de plus de 5000 habitants, ils sont en outre ouverts le samedi après-midi de 16 à 19 h. Cela fait donc en tout, à cette phase, 5 h ou 8 h d'ouverture selon les communes.

Bien entendu, le dépouillement ne commence que le dimanche à 12 h.

Pour donner une idée de la variété des heures et modalités de scrutin, nous relevons dans la presse une information émanant du Conseil communal de la ville du LOCLE (ct. de NE) :

Heures d'ouverture de scrutin :
samedi 22 octobre 1983 : 9 à 18 h.
dimanche 23 ”   ”   : 9 à 13 h.

Les électeurs peuvent exercer par anticipation leur droit de vote au poste de police du mercredi 19 octobre au samedi 22 octobre à 6 h. Les infirmes et les malades incapables de se rendre au Bureau de vote peuvent demander de faire recueillir leur vote à domicile en s'adressant [...]

Certains électeurs peuvent être retenus par la maladie, l'infirmité, l'âge (70 ans révolus), l'hospitalisation, l'absence du canton, la détention, être en cours de service militaire ou retenus par le service de la protection civile, ou bien encore en service public, ils sont alors admis à voter par correspondance sous double enveloppe, et moyennant une déclaration préalable. *Vote par correspondance*

Le vote par procuration est interdit.

Dans le canton de Genève la sincérité du vote est fondée sur un contrôle bipartite permanent des opérations empêchant aucun électeur de voter à l'insu de représentants des 2 camps antagonistes. Nous n'avons aucun souvenir de réclamation pour fraude électorale. Ou plutôt pendant une courte période où le canton s'était cru obligé par la législation fédérale de remplacer le système des estampilles par celui du vote sous enveloppe, le tribunal administratif a du annuler 2 scrutins. On est donc *Sincérité du scrutin* revenu au système antérieur, celui d'une opération minutieusement organisée de façon à fonctionner avec la précision d'une montre genevoise !

Présidence

Longtemps à l'avance, le gouvernement cantonal désigne, pour chaque local de vote, un président et un vice-président, choisis parmi les électeurs de ce bureau.

La loi ne dirige pas son choix, mais l'usage est qu'il désigne le président parmi ses partisans et le vice-président dans l'opposition. Ce président et ce vice-président ont des droits égaux, sauf qu'en cas de partage égal des voix dans la rédaction des procès-verbaux, le président a voix prépondérante.

Jurés électoraux

Le département de l'intérieur fait ensuite parvenir au président copie de la liste des électeurs du bureau en question. Le président y choisit le nombre prescrit de «jurés» électoraux, en dresse un état nominatif, remplit pour chacun d'eux une sommation d'avoir à se présenter un peu avant l'ouverture du scrutin, sous peine d'amende. Le président renvoie le tout au service des votations et élections.

A son tour, le vice-président fait de même pour un nombre égal de «jurés».

Le service précité expédie les sommations aux «jurés». Ceux qui ont un empêchement majeur demandent une dispense à celui (président ou vice-président) qui les a convoqués. Le nombre de jurés désignés initialement tient compte de cette probabilité de déchet.

A l'heure dite, président et vice-président arrivent accompagnés chacun d'un secrétaire de son choix, qui peut être choisi parmi tous les électeurs du canton. Chacun fait l'appel de ses jurés. Les défaillants peuvent être signalés pour application d'une amende administrative par le département.

Grand bureau

D'un commun accord, président et vice-président désignent un «grand bureau», comprenant un nombre égal de jurés présentés par le président et le vice-président (sauf entente contraire).

Bureaux de distribution

Puis, président et vice-président désignent ensemble les «bureaux de distribution» (chacun formé d'un juré du président et d'un juré du vice-président).

Chacun de ces petits bureaux reçoit une partie de la liste alphabétique des électeurs de ce local de vote (p.ex. de A à D). Il reçoit, en outre, un carré de 100 numéros

(genre loto) et 100 estampilles. De quoi s'agit-il ? De rec- Estampilles
tangles, gommés au verso, portant au recto la date et la
nature de l'opération électorale ainsi que la désignation
du local de vote. Le président y appose le sceau officiel
portant le numéro du local.

Avant l'ouverture du scrutin, le président fait reconnaître le nombre et l'intégrité de ces estampilles au vice-
président, qui y apporte une marque de contrôle (perfora-
tion à l'aide d'une pince analogue à celle des contrôleurs
des trains). Seule l'estampille, ainsi contrôlée, valide le
bulletin de vote sur lequel elle est collée par l'électeur.
Ainsi le président ne pourrait en distribuer à ses amis, et
le vice-président prudent garde cette pince dans sa poche
jusqu'à la fin du dépouillement !

Le petit bureau atteste, par la signature de ses 2 membres, la remise de ce bloc de 100 estampilles, sur les 2
exemplaires du procès-verbal, car *dès le début des opérations,* sont établis *simultanément* 2 procès-verbaux, l'un
par le secrétaire du président, l'autre par celui du vice-
président. Le petit bureau est donc maintenant responsable de ces 100 estampilles.

Quand un électeur se présente à ce petit bureau, il
décline son identité (il n'y a pas de cartes d'électeur dans
le canton de Genève, pièce jugée inutile dès qu'on serait
admis à voter sans elle (comme en France) et qu'elle ne
porterait pas de photographie). Son nom est biffé sur la
liste d'émargement, une croix est portée sur la carte de
« loto » et il reçoit une estampille. Il se rend alors dans
l'isoloir, colle l'estampille sur le bulletin de son choix,
puis va le déposer (sans enveloppe) dans l'urne. Celle-ci
est placée bien en vue : comme seule l'estampille valide
un bulletin, il serait absolument inefficace de bourrer
l'urne de bulletins non estampillés, il est donc inutile de
refermer l'urne après chaque bulletin et personne ne prononce de phrase rituelle : « a voté ».

Dès qu'un petit bureau a épuisé son cent d'estampilles,
il rapporte les talons, la carte de « loto » garnie de 100
croix et reçoit une nouvelle carte de « loto » et un nouveau
lot de 100 estampilles, toujours contre ses 2 signatures.

A l'heure de clôture du scrutin, le premier jour, chaque Interruption
du scrutin
bureau de distribution rend son matériel au grand bureau ;
ce dernier vérifie que le nombre d'estampilles rendues
correspond bien aux numéros vierges sur la carte de
« loto ». Au préalable le petit bureau s'est assuré que le

nombre de noms biffés sur la liste d'émargement égale bien celui des estampilles délivrées.

Tout ce matériel est placé dans une autre urne, ensuite fermée à clé par le président et cachetée à la cire, avec apposition du cachet du président et de celui du vice-président.

L'urne dans laquelle les votants ont déposé leurs bulletins est scellée, elle aussi, après fermeture de son volet obturateur. Accompagnées par le gendarme de service en permanence dans le local de vote et par le grand bureau, ces urnes sont entreposées à la gendarmerie la plus proche.

Réouverture du scrutin   A la réouverture du scrutin (le lendemain ou surlendemain), elles y sont reprises, ouvertes après vérification des cachets, et les opérations reprennent.

Pendant les 2 ou 3 fractions de journées d'ouverture du scrutin, les membres du grand bureau assistent le président dans la police du local, veillent à l'approvisionnement des isoloirs en bulletins et en crayons, recensent, toutes les heures, le nombre d'estampilles délivrées et l'affichent à l'aide d'affichettes spéciales à l'extérieur de la porte du local de vote.

Réclamations   Le grand bureau enregistre les réclamations des électeurs sur un cahier spécial. C'est, par exemple, une personne qui se présente pour voter et n'est pas sur la liste. Elle se prétend omise à tort. Un membre du grand bureau va téléphoner à la permanence du contrôle de l'habitant ; si l'électeur n'est vraiment pas inscrit ailleurs, ce membre du grand bureau recevra l'ordre de laisser voter cet électeur après l'avoir ajouté sur la liste électorale et lui avoir fait signer, sur ce cahier de réclamations, qu'il n'a pas voté et ne votera pas ailleurs. Comme le même cahier est toujours affecté au même local de vote et annoté des suites données à chaque réclamation, on peut constater au prochain scrutin ce qu'il en est advenu.

Clôture du scrutin   Le dernier jour (c'est-à-dire le dimanche à midi) chaque bureau de distribution récapitule page par page de la liste d'émargement, les nombres de signatures biffées, c'est-à-dire d'électeurs ayant retiré leur estampille ; il totalise ces nombres sur une page ad hoc. Enfin, il restitue au grand bureau les estampilles qui lui restent et sa dernière carte de « loto » ; tous ces chiffres doivent concorder.

Le grand bureau entreprend alors le dépouillement, au milieu de la journée, en pleine lumière. Actuellement, pour beaucoup de scrutins, il ne s'agit plus que d'un simple décompte des bulletins (portant OUI, ou NON, ou des bulletins de chaque parti), afin de communiquer immédiatement le résultat approximatif de l'opération électorale. Le dépouillement détaillé a lieu ensuite centralement par ordinateur.

Rien de saillant à signaler quant à la présentation des listes de candidats.

Présentation des candidats. Propagande.

Pour les votations :

1/ Les partis, associations et groupements politiques, ainsi que les auteurs d'un referendum ou d'une initiative peuvent déposer en chancellerie d'État, lors de chaque votation, leur prise de position. Ce dépôt doit s'effectuer au plus tard le lundi avant midi, 3 semaines avant le dernier jour du scrutin.

Prise de position

2/ Les prises de position sont publiées dans la *Feuille d'avis officielle* et affichées dans chaque local de vote ainsi que dans chaque isoloir. (art. 22, Loi sur l'exercice des droits politiques, 15-10-1982).

1/ Pour les votations fédérales et cantonales les prises de position doivent être signées par 50 électeurs au moins ayant le droit de vote en matière fédérale ou cantonale.

Présentation en cas de votation

[...] (art. 23, *idem*).

TITRE 3

L'ÉLABORATION DES NORMES GÉNÉRALES

CHAPITRE 3/1

L'ÉLABORATION ORDINAIRE DES LOIS

Ce chapitre porte uniquement sur les lois votées par les parlements : celles émanant de l'initiative directe des électeurs font l'objet d'un autre chapitre.

Ce qui frappe d'abord, c'est l'ampleur de la concertation préalable au dépôt d'un projet par le gouvernement. Ampleur rime ici avec lenteur.

Voyons d'abord la législation fédérale. Le Conseil fédéral ressent la nécessité d'une loi nouvelle : peut-être une motion adoptée par les deux conseils l'y incite-t-il, ou bien s'agit-il d'appliquer une innovation constitutionnelle prévoyant de légiférer dans un nouveau domaine.

Législation fédérale

Initiative gouvernementale

Le Conseil fédéral consulte d'abord chaque canton : il expose le problème et sollicite réponse à des questions précises et tout commentaire souhaité.

Le gouvernement de chaque canton répond.

Quand d'importantes associations sont susceptibles de s'intéresser au problème posé, le Conseil fédéral les consulte aussi par écrit : par exemple, en matière sociale il consulte les organisations faîtières, patronales ou ouvrières (Union des arts et métiers, Union syndicale suisse, Union des syndicats chrétiens, etc.).

Synthèse faite des diverses réponses, le Conseil fédéral élabore un projet — parfois comportant des variantes au choix — en s'efforçant de justifier pourquoi il retient telle solution et écarte telle suggestion ou objection.

Nous n'avons jamais ouï parler de *Public hearings* à l'américaine.

Les cantons formulent leurs observations sur ce projet, puis, avec ou sans retouches, le Conseil fédéral l'adresse aux Chambres avec un exposé des motifs qui porte le nom de « message ».

Projet et message sont présentés dans les deux principales langues nationales.

Initiative parlementaire Un député peut proposer un projet de loi mais cette procédure est rare. Le conseiller préconisant une réforme préfère présenter une motion, qui, si elle est adoptée successivement à la majorité dans les 2 conseils formant l'Assemblée fédérale, oblige le Conseil fédéral à présenter un projet de loi rédigé.

Commission, Débat La commission compétente adopte, rejette, amende. Rien là d'original, mais quand elle apporte sa réponse à la séance plénière du conseil, la commission, si l'affaire est importante ou si le rapport est écrit, présente un rapport en 2 langues. La commission peut, exceptionnellement, désigner un rapporteur de la minorité qui jouit des mêmes droits que le ou les rapporteurs de la majorité.

Le texte adopté est transmis dans les 2 jours à l'autre assemblée qui procède de même. Mais :

> A titre exceptionnel et quand il s'agit d'un projet de loi ou d'arrêté fédéral se prêtant, en raison de son ampleur, à être discuté par parties, chacun des conseils peut, avec l'assentiment de l'autre, fractionner le projet et le transmettre à l'autre par chapitres avant le vote sur l'ensemble. (Loi fédérale sur la procédure de l'Assemblée fédérale [...] du 23 mars 1962, art. 13, al. 2).

Navette En cas de divergence entre les deux conseils, l'on assiste aux navettes qui étaient usuelles en France jusqu'à la 2ᵉ guerre mondiale, puisque les deux chambres ont ici des pouvoirs égaux.

Cependant en cas de divergence si l'un des conseils déclare ses décisions définitives et que l'autre maintienne les siennes, ces divergences sont soumises à une conférence de conciliation formée des membres des commissions qui se sont occupées de l'affaire dans les 2 chambres. Si l'une des commissions était moins nombreuse que l'autre elle est complétée jusqu'à égalité.

Cette conférence doit chercher à amener une entente. Si elle n'y parvient pas, l'ensemble du projet est réputé n'avoir pas abouti, et est radié de la liste des objets à traiter.

Lorsqu'au contraire, une conciliation intervient, elle est suivie de délibérations nouvelles dans chaque conseil ; si l'un au moins de ceux-ci la rejette, elle est réputée n'avoir pas abouti et le projet est radié. [1]

---

1. Loi fédérale sur la procédure de l'Assemblée fédérale, ainsi que sur la forme, la publication et l'entrée en vigueur des actes législatifs, art. 16 à 20.

Après qu'un acte législatif a été adopté par les deux conseils le secrétariat de l'Assemblée fédérale établit des exemplaires originaux en allemand, français et italien.

Sur l'élaboration des lois cantonales, voici à titre d'exemple la méthode genevoise.

Législation genevoise

Ici, souvent les députés — et non pas seulement le gouvernement — présentent des projets entièrement rédigés ; par exemple, en 1946, on en recense 48 présentés par le Conseil d'État et 33 par des députés.

Dès 1950, le gouvernement genevois a inauguré une nouvelle procédure pour la préparation de ses propres projets de lois, quand il s'agit d'une réforme importante. Au lieu d'en confier la rédaction à ses bureaux, c'est d'en charger une commission extraparlementaire mixte : un représentant de chaque sensibilité politique comptant un groupe au Grand Conseil et des fonctionnaires compétents ; s'il y a lieu, il y adjoint des représentants des milieux économiques (syndicats) ou autres institutions intéressées.

Commissions extraparlementaires

Sur la plupart des rédactions un consensus finit par se réaliser ; parfois, cependant, il faut se départager par un vote, ce qui aboutit sur ce point à un texte majoritaire (qui reflète l'opinion de cette commission extraparlementaire mais pas nécessairement celle de la majorité parlementaire). A la fin des travaux l'avant-projet de loi est remis au gouvernement avec un exposé des motifs. Les travaux durent parfois plusieurs années notamment par la recherche d'une perfection de formulation, qui correspond sur le plan juridique à la qualité « suisse » sur le plan industriel.

Le gouvernement reste libre de modifier ce texte avant de le déposer devant le Parlement. A notre connaissance, à l'époque où nous participions à de tels travaux, il ne l'a fait qu'une seule fois et sur un seul article, mais il peut toujours compter sur un député de sa majorité pour proposer un amendement.

N'empêche que cette procédure comporte deux effets évidents :

a) les points de vue les plus divers se sont confrontés, souvent leur synthèse a été possible, se traduisant par une prise en compte de situations particulières ;

b) les motifs de la solution adoptée sur chaque point peuvent être expliqués aux collègues de son groupe, par le député qui a participé à ces travaux extraparlementaires ; ce groupe profite des connaissances acquises par son député dans cette commission extraparlementaire pour lui faire occuper l'un des sièges de la commission parlementaire à laquelle ce projet est renvoyé.

Bien entendu, la liberté de chaque groupe à l'égard du texte reste entière, et même le député qui aurait approuvé une disposition au stade extraparlementaire demeure libre de la rejeter au stade parlementaire.

Commissions ad hoc

Pour chaque projet (qu'il émane du gouvernement ou d'un député), une commission *ad hoc* est constituée (à la proportionnelle des groupes) au lieu d'être renvoyée à une commission chargée en permanence de tel ou tel domaine (p.ex. enseignement, agriculture), commission de 15 membres en général (exceptionnellement moins : 13, 11, rarement plus : 21). Cependant il existe aussi quelques commissions permanentes (finances, p.ex.).

Ces commissions siègent à huis clos, n'organisent pas de consultations générales, mais reçoivent toujours les délégations d'associations qui demandent à présenter leur point de vue : on les écoute, on les questionne, mais en principe, on ne discute pas avec elles.

Éventuellement, la commission constitue dans son sein une commission de rédaction, car 15 personnes, c'est parfois trop pour polir un texte.

Rapports de minorité

La manière dont la commission rapporte au parlement présente une particularité quand elle n'a pas été unanime. La minorité, qui s'y est formée, a la faculté de désigner un rapporteur de cette minorité. Les 2 rapports étant imprimés conjointement en un seul fascicule, chaque député connaît ainsi avant la discussion en séance plénière, les arguments de la majorité et de la minorité (exceptionnellement on a vu 2, voire 3 rapports de minorité) et les journalistes parlementaires ont sous les yeux les opinions des uns et des autres.

Ces rapporteurs ont une place marquée dans l'assemblée et des droits égaux, notamment celui de reprendre la parole aussi souvent qu'ils le jugent utile, alors que le règlement impose des limitations aux autres orateurs. Ce rôle de la minorité semble avoir été emprunté, au lendemain de la Restauration, au règlement de la *House of Commons* britannique et s'est perpétué depuis lors de refonte en refonte du règlement.

A noter que la modification de ce règlement n'est pas à la discrétion du Grand Conseil. C'est une loi dont toute modification est soumise au referendum facultatif (v. ch. 3/2).

Encore un bref mot de la procédure applicable à tous les projets [1] :

Procédure

1) Impression du texte et de l'exposé des motifs à la diligence du secrétariat du Grand Conseil.

2) Inscription du projet à l'ordre du jour de la prochaine séance.

3) Ouverture d'un tour de *préconsultation,* au cours duquel chacun peut adresser des recommandations à la commission, qui va être désignée ; faculté aussi de proposer la discussion immédiate.

4) Sauf au cas —rare — de discussion immédiate, séance(s) de la commission.

5) Débat sur la prise en considération, qui constitue une discussion générale du projet ; c'est l'occasion pour chaque groupe d'indiquer sa position et permet de soulever la question préalable.

6) Ce premier débat se termine soit pas une décision de rejet soit par celle de passer à la discussion article par article, qualifiée de deuxième débat. Celui-ci terminé on vote sur l'ensemble mais le texte n'est pas encore définitif.

7) Un troisième débat, en principe à une séance ultérieure, mais presque toujours à la même séance, repasse un à un les articles et aboutit à un vote final sur l'ensemble.

Les votes, que ce soit sur un amendement, un article ou sur l'ensemble ont lieu d'office à « main levée » ; en cas de doute sur le résultat : « par assis et levés » ; sur demande expresse de 10 députés : « par appel nominal » ; jamais au scrutin secret.

La minorité n'abuse pas du droit d'amendement. Si on a été bien battu en commission, la probabilité d'obtenir gain de cause en séance plénière est nulle, puisque la commission avait été nommée à la proportionnelle et qu'un commissaire empêché se fait librement représenter par un collègue de son propre groupe. Il suffit donc de reprendre en public 2 ou 3 amendements rejetés par la commission,

---

1. En outre, s'il s'agit d'un projet émanant d'un député, annonce au début d'une séance qu'à une prochaine séance il déposera un projet sur tel sujet. Le gouvernement n'est pas soumis à cette formalité préalable.

afin de bien marquer les responsabilités vis-à-vis de
l'opinion publique.

L'assiduité aux séances est satisfaisante ; le député est
indemnisé par des jetons de présence ; seuls les membres
du bureau reçoivent une indemnité fixe.

CHAPITRE 3/2

LE REFERENDUM

Que ce soit sur le plan fédéral ou sur le plan cantonal, à l'issue du vote définitif d'une loi par le Parlement, celle-ci ne peut être encore promulguée. On distingue 3 catégories de lois : constitutionnelles, ordinaires, urgentes.

Referendum obligatoire

Les lois constitutionnelles, c'est-à-dire celles qui modifient la constitution (par adjonction, amendement ou abrogation d'un ou plusieurs articles) sont soumises d'office à la sanction du corps électoral. Il en est de même de l'adhésion à des organisations de sécurité collective ou à des communautés supranationales. [1]

Referendum facultatif

Les lois ordinaires [2] (sauf cas d'urgence avérée) peuvent faire l'objet d'une demande de referendum [3] populaire. Insistons sur «populaire», pour souligner que cette procédure ne peut être déclanchée que par le peuple, ou plus précisément par une fraction du corps électoral. En Suisse, ni les parlements (fédéral, cantonaux), ni les gouvernements ne peuvent adopter un texte en spécifiant qu'il sera soumis au referendum. Les élus ne peuvent transférer leur responsabilité sur le souverain. Ce que vote le parlement compétent deviendra inévitablement loi (textes constitutionnels exceptés [1,2]) si ce ne sont pas des électeurs eux-mêmes qui demandent à se prononcer sur ce texte.

De même une délibération municipale peut être évoquée à eux par les électeurs de la commune.

Qu'il s'agisse de la Confédération, d'un canton ou d'une commune, le principe est le même : dans un délai déterminé, un certain nombre d'électeurs peut exiger la consultation du corps électoral concerné. Cette demande est suspensive.

---

1. En outre, la constitution de certains cantons rend le referendum obligatoire pour une catégorie déterminée de lois.

2. Y sont assimilés les traités internationaux a) de durée indéterminée et non dénonçables, b) prévoyant l'adhésion à une organisation internationale, c) entraînant une modification multilatérale du droit.

3. Le referendum de droit suisse étant profondément différent du référendum de droit français, nous conservons à ces institutions l'orthographe usuelle du pays qui les pratique.

Signatures exigées

Tendances générales : a) plus l'ensemble concerné est étendu, plus faible est la proportion d'électeurs nécessaire. Il est aussi malaisé de réunir 50 000 signatures dans toute la Suisse que 7 000 dans le seul canton de Genève, ou que 30 % des électeurs dans les communes genevoises de 500 électeurs au plus (CGE art. 59). Exiger la majorité des électeurs concernés équivaudrait à empêcher, en pratique, toute demande de referendum. Trop abaisser la proportion d'électeurs nécessaire multiplierait inutilement les appels aux urnes voués à l'échec vu l'opposition minime à la décision entreprise.

Il va sans dire que ces nombres ne sont pas extraits d'une loi suisse unique en la matière, mais qu'ils sont fixés :

par la constitution fédérale quand il s'agit de contester un texte voté par les Chambres fédérales,

par la constitution genevoise quand il s'agit de soumettre au peuple une loi genevoise ou la délibération d'un conseil municipal d'une commune de ce canton. Chaque canton a ses propres dispositions en la matière.

Remarque : sur le plan fédéral, au lieu de 50 000 signatures individuelles, le referendum peut aussi être demandé par 8 cantons.

Délai

b) Plus l'ensemble concerné est vaste, plus long est le délai dans lequel la demande de referendum doit être présentée : 90 jours sur le plan fédéral, 40 jours sur le plan cantonal genevois (CGE art. 53), 21 jours après l'affichage de la délibération dans les communes genevoises de 1 000 électeurs ou moins (CGE art. 59).

Qui va déclencher le processus ?

— N'importe qui ! En pratique : généralement un parti politique (minoritaire) ou une association, car même si le nombre de signatures à obtenir est relativement faible, il faut néanmoins une bonne organisation pour les récolter dans les délais, dès qu'on sort du cadre d'une petite commune. Ainsi la procédure du referendum *populaire,* loin de réduire le rôle des partis, les vivifie.

Procédure

Ne nous arrêtons pas aux détails de la procédure. En cas de referendum fédéral, la législation fédérale exige de ne pas faire signer sur une même feuille des électeurs exerçant leur droit de vote dans des communes différentes. Après quoi, ces signatures doivent être authentifiées par les autorités communales respectives, avant d'être déposées à la Chancellerie fédérale. On devine les complications qui en dérivent dans les agglomérations comportant des banlieues constituant des communes distinctes, mais dont toute la population se mêle dans les usines ou les cafés.

Moins restrictive, la législation genevoise permet de faire signer sur une même feuille les électeurs de n'importe quelle commune du canton ; c'est après le dépôt simultané de toutes les feuilles, que l'administration cantonale procède à la vérification des signatures ; vérification qui n'est pas poursuivie dès qu'un peu plus des 7 000 signatures nécessaires ont été reconnues valables.

Dans tous les cas les feuilles destinées à recevoir les signatures se réfèrent avec précision à l'intitulé du texte visé, et dans les colonnes prévues, les électeurs indiquent leurs nom, prénom, année de naissance et adresse exacte.

Dès que l'autorité compétente constate que le referendum a abouti, une décision officielle en avise la population. Un arrêté ultérieur fixe la date de la votation. Jusquelà, la loi (ou la délibération municipale) n'est pas applicable, même pas à titre provisoire.

La votation tranche sans appel : c'est seulement si les OUI l'emportent sur les NON que la loi est promulguée pour devenir exécutoire.

Aucune prescription n'interdit au parlement de voter à nouveau le texte rejeté ou un texte équivalent. Mais c'est impossible — politiquement — avant qu'on puisse raisonnablement escompter une évolution de l'opinion publique ; ou bien on présentera la réforme envisagée avec une autre ampleur ou jointe à d'autres mesures (les « marchés couplés » sont interdits en principe, mais possibles s'il existe un lien de connexité entre les dispositions proposées).

Urgence

Il est des cas où l'urgence interdit tout délai de promulgation.

Quant aux décisions du parlement fédéral, la constitution fédérale a pris des précautions pour éviter de soustraire des textes à la votation populaire, en invoquant l'urgence, quand même elle serait réelle.

Art. 89 bis

[1] Les arrêtés fédéraux de portée générale dont l'entrée en vigueur ne souffre aucun retard peuvent être mis en vigueur immédiatement par une décision prise à la majorité de tous les membres de chacun des deux conseils ; leur durée d'application doit être limitée.

[2] Lorsque la votation populaire est demandée par 50 000 citoyens actifs ou par huit cantons, les arrêtés fédéraux mis en vigueur d'urgence perdent leur validité un an après leur adoption par l'Assemblée fédérale s'ils ne sont pas approuvés par le peuple dans ce délai; ils ne peuvent alors être renouvelés.

[3] Les arrêtés fédéraux mis en vigueur d'urgence qui dérogent à la constitution doivent être ratifiés par le peuple et les cantons dans l'année qui suit leur adoption par l'Assemblée fédérale; à ce défaut, ils perdent leur validité à l'expiration de ce délai et ne peuvent être renouvelés.

On notera que les «lois» sont exclues de cette dérogation, et que la décision d'urgence ne peut pas être prise — dans chaque conseil — à la majorité des votants mais exige la majorité des membres en exercice. Enfin ces textes urgents peuvent être révoqués par les électeurs pour l'avenir.

Quant aux parlements cantonaux, ils ne pourraient user abusivement de la clause d'urgence sans risquer une annulation par le Tribunal fédéral.

Échappent au referendum fédéral les arrêtés qui ne sont pas de portée générale.

Sur le plan cantonal genevois, l'urgence est toujours votée pour les lois autorisant un emprunt.

Effet invisible

Borner l'impact du referendum au rejet de temps à autre d'une loi nouvelle votée par le parlement, serait méconnaître la portée réelle de cette institution. L'ombre du referendum possible plane sur les débats parlementaires et sur ceux des conseils municipaux.

Sur une question fort controversée, quelle imprudence serait celle d'une majorité d'élus qui voudrait utiliser sa force numérique pour édicter sa solution sans concession ! A tout vouloir imposer, elle risquerait de voir détruire l'intégralité de son projet.

Un seul désaveu populaire n'est pas grave pour un parti. Quelques semaines après le rejet par le peuple d'une loi que ce parti avait votée, les électeurs en rééliront parfois approximativement le même nombre de députés. Mais la répétition trop fréquente de tels désaveux nuirait à son image de marque.

Si cette majorité est sage, elle préférera donc se modérer elle-même en adoptant un projet moins ambitieux, susceptible d'un plus large consensus. Mais elle n'est pas toujours sage. Un seul exemple : le rejet par le peuple suisse de l'introduction de la T.V.A. adoptée par les 2 conseils.

CHAPITRE 3/3

L'INITIATIVE POPULAIRE

La procédure du referendum permet au peuple de s'opposer efficacement à tout changement qu'il désapprouve. C'est un frein, une force de conservation (à ne pas confondre avec force réactionnaire — au sens politique usuel du terme — car le referendum peut aussi bien empêcher la suppression d'une institution sociale existante que l'introduction d'un progrès social).

Mais l'aspect positif de la souveraineté, faculté d'innover, ne peut être satisfait qu'en accordant au peuple la possibilité de décréter lui-même l'innovation souhaitée quand ses mandataires élus n'innovent pas. Tel est le but de l'initiative populaire. Non seulement le corps électoral concerné prend l'initiative d'un texte mais il se prononce sur celui-ci en dernier ressort, quoi qu'en puissent penser ses élus. *But*

Cette procédure est née après celle du referendum, et est moins généralisée. Ainsi en matière fédérale, le referendum était inscrit dans la constitution de 1874, le droit d'initiative n'y est entré qu'en 1891 et seulement en matière constitutionnelle. Le canton de Genève a introduit le referendum en 1879 mais l'initiative seulement en 1891. Ce canton a introduit le referendum communal en 1895 mais l'initiative communale seulement en 1981.

Quand l'initiative populaire est permise, les règles applicables présentent en général deux différences caractéristiques avec celles du referendum. *Conditions*

a) Le délai autorisé de collecte des signatures est plus long.

b) Celles-ci doivent être plus nombreuses.

Ces règles se justifient d'elles-mêmes.

a) En matière de referendum, on ne saurait différer trop longtemps l'application d'une loi ou d'une délibération municipale. Il faut qu'elle entre rapidement en vigueur ou soit rejetée, laissant éventuellement la voie libre à une nouvelle réglementation de la question. Rien de tel en matière d'initiative. C'est aux «initiants» à faire diligence, s'ils sont pressés de voir leur projet devenir loi. Des délais existent néanmoins dont l'utilité semble mineure.

b) On ne saurait mettre en mouvement la procédure nécessairement complexe, qui doit conduire l'initiative prise par les électeurs à devenir loi (ou à être refusée), si elle ne représente pas la volonté d'un grand nombre de citoyens. Ainsi il faut 100 000 signatures sur le plan fédéral (50 000 en matière de referendum), 10 000 sur le plan cantonal genevois (au lieu de 7 000 pour un referendum).

En effet, une initiative pose beaucoup plus de problèmes qu'un referendum. Une loi votée par une assemblée légiférante est un tout élaboré mûrement par un (ou des) conseils rompus à cette procédure. Il suffit de le soumettre au corps électoral qui répondra : OUI ou NON.

A titre d'illustration, on trouvera ci-contre le fac-similé d'une initiative populaire fédérale.

Examen parlementaire — Une initiative peut avoir été soigneusement préparée par ceux qui l'ont «lancée», mais ils représentent avant tout leur propre point de vue, un point de vue probablement minoritaire dans le corps législatif (autrement celui-ci aurait déjà voté une loi répondant au besoin ressenti par les «initiants»).

On fournit donc au législateur habituel la faculté d'étudier ce texte. Il le renvoie à son tour à une commission qui l'examine, comme s'il s'agissait d'un projet émanant du gouvernement ou d'un député. Cependant la situation n'est point identique : le corps législatif ne peut amender ce texte, pas même y changer une virgule : cela risquerait de dénaturer la volonté des initiateurs.

Contre-projet — Ce que le parlement peut faire, par contre, c'est de proposer un contre-projet, c'est-à-dire un autre texte portant sur le même objet, allant dans le même sens, mais qui en général ne satisfait que partiellement aux vues des initiants.

Ce contre-projet sera soumis au vote des électeurs en même temps que le projet initial. Dans ce cas, sur le plan fédéral, l'électeur peut répondre NON aux deux questions posées (celle relative au projet, celle relative au contre-projet) ou OUI à l'une seule d'entre elles. Ainsi les partisans d'une innovation sont divisés en face du bloc des

Initiative populaire fédérale
pour la réduction de la durée du travail

publiée dans la Feuille fédérale le 27 septembre 1983

Les citoyennes et citoyens soussignés ayant le droit de vote demandent, en vertu de l'article 121 de la constitution fédérale et conformément à la loi fédérale du 17 décembre 1976 sur les droits politiques, art. 68s, que la constitution soit complétée comme il suit:

Article 34ter, alinéa 3 (nouveau)

[3] La loi pourvoit à la réduction par étapes de la durée du travail, en vue d'assurer aux travailleurs une part équitable de l'accroissement de la productivité dû au progrès technique et de créer des conditions de plein emploi.

Dispositions transitoires art. 19 (nouveau)

[1] Pour les travailleurs auxquels s'applique la loi sur le travail ou l'ordonnance sur les chauffeurs, la durée maximum de la semaine de travail est réduite de deux heures à l'expiration d'un délai d'une année dès l'adoption de l'article 34ter, alinéa 3. Elle sera ensuite à nouveau réduite de deux heures chaque année jusqu'à ce qu'elle atteigne quarante heures.

[2] Pour les travailleurs auxquels s'appliquent la loi sur la durée du travail, la loi fédérale sur le statut des fonctionnaires ou les dispositions spéciales pour certaines catégories d'entreprises ou de travailleurs selon l'article 27 de la loi sur le travail, la durée moyenne de la semaine de travail subit une réduction identique.

[3] La réduction de la durée du travail, telle qu'elle résulte de l'application des premier et deuxième alinéas, ne peut entraîner pour les travailleurs intéressés une diminution de leur revenu salarial hebdomadaire.

[4] Toute réduction supplémentaire de la durée du travail par la loi demeure réservée.

— Ne pas détacher! —

Seuls les citoyens actifs résidant dans la commune indiquée en tête de la liste peuvent y apposer leur signature. Le citoyen qui appuie la demande doit la signer de sa main.

Celui qui falsifie le résultat d'une collecte de signatures à l'appui d'une initiative populaire est punissable selon l'article 282 du code pénal.

Canton: **Commune politique, numéro postal:**

No	Nom (écrire à la main et en majuscules)	Prénom	Année de naiss.	Adresse exacte (rue et numéro)	Contrôle (laisser en blanc)
1					
2					
3					
4					
5					

Expiration du délai imparti pour la collecte des signatures: 27 mars 1985

Le fonctionnaire soussigné certifie que les (nombre) _____ signataires de l'initiative dont les noms figurent ci-dessus ont le droit de vote en matière fédérale dans la commune susmentionnée et y exercent leurs droits politiques.

_____ , le _____   Le fonctionnaire compétent pour l'attestation (signature manuscrite et fonction officielle):

_____

Sooau:

négatifs opposés à tout changement. Pour être réputé accepté, il faut qu'un texte obtienne la majorité absolue des suffrages sur cette question, c'est-à-dire plus de OUI que de NON. En matière fédérale, rappelons qu'il s'agit uniquement de voter une disposition constitutionnelle ; une majorité de citoyens ne suffit pas, il faut encore que, dans la majorité des cantons, les OUI soient majoritaires.

Le canton de Genève, en matière d'initiative cantonale laisse au contraire toute latitude aux électeurs de répondre OUI, OUI. Il est donc plus probable qu'une majorité se dégagera en faveur d'un changement. – Lequel ? – Si l'initiative et le contre-projet obtiennent l'un et l'autre la majorité absolue, le texte qui recueille le plus de voix est réputé accepté. Dans le secret de l'isoloir, les électeurs se répartissent en 4 groupes :

les doubles négatifs (NON, NON) ;

les partisans de l'initiative, mais qui pensent aussi qu'un «tiens» vaut mieux que deux «tu l'auras» (OUI, OUI) ;

les partisans absolus qui ne veulent pas d'une demi-mesure et savent que la catégorie précédente d'électeurs fait pencher la balance en faveur du contre-projet, ils votent donc : OUI, NON ;

enfin les progressistes modérés, qui préfèrent le contre-projet et n'hésitent donc pas à voter : NON, OUI. On voit que le système genevois favorise le contre-projet par rapport à l'initiative.

Nous venons d'envisager le cas le plus simple, celui où les «initiants» présentent un projet rédigé de toutes pièces. C'est celui auquel se rapporte le fac-similé ci-dessus. Après l'exposé des motifs vient (ou viennent) les articles proposés. Mais les initiateurs peuvent préférer formuler leur proposition en termes généraux.

Initiative non formulée

Voici, à titre d'exemple, une « initiative non formulée » déposée le 28 juillet 1961 ; elle a abouti à doter Genève d'un système d'allocations automatiques d'études très original (v. ch. 5/3).

INITIATIVE POPULAIRE CONCERNANT LA DÉMOCRATISATION DE L'ENSEIGNEMENT SECONDAIRE SUPÉRIEUR, DE L'ENSEIGNEMENT SUPÉRIEUR ET UNIVERSITAIRE A GENÈVE

Exposé des motifs

Notre société se doit, plus que jamais, de sélectionner dans tous les milieux, les éléments qui lui permettront d'assurer et de compléter son développement.

L'accès aux études secondaires supérieures et aux études supérieures et universitaires doit être accordé à tous les jeunes qui en ont les capacités.

Or, notre pays, qui jouit actuellement d'une période de prospérité sans précédent dans son histoire, souffre d'une pénurie inquiétante de personnel qualifié et de cadres dans tous les domaines, pénurie qui risque de compromettre gravement son avenir politique, social et économique. Les témoignages à ce sujet sont aussi nombreux que pertinents.

Les soussignés, électeurs et électrices dans le canton de Genève demandent, en application des articles 64, 65 et 67 de la constitution genevoise, au Grand Conseil, de modifier la loi sur l'instruction publique du 6 novembre 1940, selon les principes suivants :

Initiative

1/ L'instruction secondaire supérieure, l'enseignement supérieur et universitaire sont gratuits pour les élèves genevois et confédérés dont les parents sont domiciliés depuis plus de 5 ans dans le canton de Genève.

2/ Il est créé, dès la première année de l'enseignement secondaire supérieur, un système de pré-salaire durant tout le cycle secondaire supérieur, supérieur et universitaire et dont bénéficient les élèves capables, genevois et confédérés, dont les parents, domiciliés depuis plus de 5 ans dans le canton de Genève, ont des revenus modestes ou moyens ne leur permettant pas d'assumer la charge d'études complètes.

On le voit, les signataires ne proposaient pas un texte définitif, mais demandaient de modifier une loi existante, selon certaines directives. L'art. 67 de la constitution ouvre alors un choix au Grand Conseil : rédiger un projet ou refuser d'entrer en matière. Sa décision est soumise ensuite au vote du peuple. Si la majorité des électeurs se prononce contre le refus du Grand Conseil d'entrer en matière, ce corps est tenu de légiférer dans un délai de 6 mois sur l'objet en question. Le projet qu'il aura alors élaboré sera ensuite soumis à la votation populaire.

En l'espèce, le Grand Conseil, sur rapport de sa commission, à l'unanimité, a d'abord décidé de la charger d'élaborer un projet de loi, puis finalement a adopté à l'unanimité le projet rédigé par cette dernière.

Dans cette élaboration, si le Grand Conseil n'était juridiquement tenu que par le texte signé par les initiants, il était politiquement obligé par les réactions probables du corps électoral. Telle solution jugée trop généreuse par l'un des commissaires avait dû être abandonnée sous menace de combattre le projet de loi lors de la campagne précédant la votation populaire. Ici aussi la formulation finalement proposée subit l'action invisible du peuple. C'est le souverain qui aura le dernier mot. Le préambule souligne qu'il s'agit seulement d'un projet :

Le Grand Conseil,

vu [...]

a rédigé le projet de loi suivant, en se conformant à l'article 67 de la constitution.

Ce projet a été ensuite soumis au peuple, qui l'a adopté le 18 décembre 1966 (19 968 OUI, 13 219 NON). Plus de 5 années s'étaient écoulées depuis le dépôt de l'initiative populaire à la chancellerie d'État.

En terminant ce chapitre, peut-être faut-il ajouter que l'existence des procédures de referendum et d'initiative populaires tempèrent au soir des élections législatives ou municipales l'amertume des battus comme le triomphalisme des vainqueurs. Les vainqueurs savent que leur victoire n'est pas un blanc-seing et que le peuple pourra à tout moment casser leurs décisions et les vaincus savent qu'ils pourront en appeler au souverain pour bloquer ou pour innover.

LÉGISLATION DÉLÉGUÉE

Après avoir passé en revue les modes de rédaction des lois proprement dites, il faut évoquer la législation déléguée, dont, en Suisse comme en France, le volume a cru considérablement avec les années.

Par législation déléguée, nous entendons l'édiction par un corps de l'État autre que le Parlement, de normes de portée générale, ce corps y ayant été autorisé soit par une disposition constitutionnelle, soit par une loi particulière. L'exercice de cette fonction quasi-législative peut être subordonné à certaines manifestations de tiers.

Cette législation déléguée est soustraite au referendum facultatif.

Beaucoup de lois confient expressément au gouvernement le soin de régler des détails par voie de disposition générale.

Délégation non conditionnée

Au plan fédéral, cette législation déléguée consiste en ordonnances du Conseil fédéral, qu'on peut comparer aux décrets français (pris ou non en la forme de règlements d'administration publique) et, pour des questions mineures, en ordonnances prises par un Département du Conseil fédéral comparables aux arrêtés ministériels français de portée générale.

Les ordonnances suisses n'ont que le nom de commun avec les ordonnances prévues par l'article 38 de la constitution de la 5e République française, qui permet au Parlement d'accorder au gouvernement l'autorisation d'édicter pendant un temps limité « des mesures qui sont normalement du domaine de la loi ».

Au niveau cantonal, nous trouvons des délégations analogues de compétence, qui, à Genève, aboutissent à des arrêtés du Conseil d'État.

Dans un pays où les lois — mais non les décisions des autorités exécutives — peuvent faire l'objet d'une procédure de referendum, il serait important de fixer les limites de ces délégations.

En général ce sont bien des questions secondaires qui sont ainsi réglées. Elles peuvent cependant revêtir une grosse importance pour ceux qu'elles visent. Qu'on pense, par exemple, à une disposition de la loi genevoise sur les allocations familiales (J. 7.1, art. 2, al. 3) qui laisse au gouvernement cantonal le soin de fixer le taux des allocations versées aux salariés de nationalité étrangère dont les enfants ne résident pas dans le canton de Genève.

Comme le remarque Dominique PONCET, professeur associé à la faculté de droit de Genève, dans sa préface à l'ouvrage de Pierre BEAUSIRE, *La constitution genevoise annotée,* «Très souvent, l'exécutif établit des règles dont on ignore si elles reposent sur une base légale adéquate. Quels sont ses pouvoirs ? Quels sont ceux du législateur ? »

A Genève, le Conseil d'État édicte les règlements de police dans les limites fixées par la loi (CGE art. 125).

*

Législation conditionnée par concours de volonté

A côté de cette législation déléguée où ils agissent souverainement — dans le cadre de la délégation légale ou constitutionnelle — les exécutifs interviennent aussi pour rendre obligatoires à l'égard de tous des conventions collectives de travail. Ce faisant, ils n'ont pas l'initiative de cette sorte de loi corporative — qui appartient à tout ou partie de la profession — ; cependant ils font bien œuvre législative puisqu'ils rendent obligatoires des dispositions d'ordre général, mais sans pouvoir en modifier la teneur. L'action normative des exécutifs est conditionnée par une entente préalable entre syndicats d'employeurs et de salariés.

Ces extensions obligatoires peuvent être décrétées par le Conseil fédéral pour les conventions collectives qui concernent plus d'un canton ou par un gouvernement cantonal pour tout ou partie de son canton.

Rien là de bien différent de la possibilité française d'extension des conventions collectives.

Législation conditionnée par majorité de comportement

La délégation d'édicter des normes obligatoires générales peut être conditionnée non par la réalisation d'un concours de volontés extérieures aux Autorités, mais par la constatation objective d'un concours de comportements, par une sorte de sondage de conduite.

Nous visons l'art. 83 de *l'ordonnance sur la signalisation routière*, du 31 mai 1963 :

1/ Avant de fixer ou de modifier la vitesse maximale autorisée, il faut constater tout d'abord à quelle vitesse moyenne circulent les véhicules automobiles sur le tronçon en question dans des conditions favorables de circulation. L'autorité ne fixera pas une vitesse maximale plus basse que celle à laquelle circulent 85 % des conducteurs de voitures de tourisme.

2/ La vitesse ne peut être abaissée au-dessous de cette limite que lorsqu'un danger particulier, difficilement perceptible, exige [...]

3/ Pendant la période où des pointages de la vitesse sont effectués, l'autorité peut supprimer provisoirement la limitation de la vitesse à l'intérieur des localités.

Réglementation de la vitesse

Il s'agit ici d'une délégation législative du type habituel que l'autorité reste libre d'utiliser à son gré mais dont l'étendue est limitée par la constatation d'un usage majoritaire.

*

Enfin certaines autorités ont la faculté de rédiger des contrats-types de travail.

Législation déléguée supplétive

Par le contrat-type de travail sont établies des clauses sur la conclusion, l'objet et la fin de diverses espèces de contrats de travail. (CO art. 359, al. 1).

[1] Sauf accord contraire, le contrat-type de travail s'applique directement aux rapports qu'il régit.

[2] Le contrat-type peut prévoir que les accords dérogeant à certaines de ses dispositions doivent être passés en la forme écrite. (Art. 360).

On voit qu'il s'agit bien d'une législation supplétive, puisque ces contrats s'appliquent obligatoirement sauf convention contraire. Ils sont notamment utiles dans des professions où la syndicalisation des salariés est faible. C'est pourquoi :

Les cantons sont tenus d'édicter des contrats-types pour les travailleurs agricoles et le service de maison ; notamment, ces contrats-types règlent la durée du travail et du repos et les conditions de travail des travailleuses et des jeunes travailleurs. (Art. 359, al. 2).

Qui édicte ces contrats-types ?

— Le Conseil fédéral s'il s'agit de contrats-types valables pour plusieurs cantons. Les cantons dans les autres cas.

Plutôt que de détailler la procédure préalable à l'adoption de ces contrats, nous reproduirons le préambule du *contrat-type de travail pour travailleurs à temps partiel de l'économie domestique* du 9 avril 1973, du canton de Genève.

Après avoir pris l'avis des associations professionnelles et sociétés d'utilité publique intéressées, soit :
l'Association catholique suisse des services de protection de jeunesse féminine,
l'Association pour le dépannage familial,
le Centre de liaison des associations féminines genevoises,
le Centre social protestant,
la Commission genevoise pour la formation en économie familiale,
la Fédération des services d'aides familiales,
les Œuvres protestantes de patronage pour la jeunesse suisse allemande,
l'Union des femmes,
l'Union des paysannes du canton de Genève
[...]
L'OFFICE CANTONAL DE CONCILIATION
a établi le contrat-type de travail pour les travailleurs à temps partiel de l'économie domestique qui suit :
[...]

TITRE 4

LES MESURES CONTRE LES TRANSGRESSIONS

Lois et règlements ont été établis. Les autorités exécutives les appliquent. Reste à réprimer les transgressions.

Nous avons vu que l'organisation des tribunaux est régie par le droit cantonal. Il en est de même de la procédure pénale.

CHAPITRE 4/1

LA PROTECTION DE CERTAINS DROITS HUMAINS

En matière de protection de certains droits la constitution genevoise ne se borne pas à une déclaration de principes. Elle comporte des prescriptions détaillées qu'on ne retrouve sans doute guère dans d'autres constitutions, mais seulement dans les lois.

Dispositions constitution-nelles

Un mot d'histoire : après la révolution genevoise de 1846, la Constituante n'eût pas le temps de formuler avec assez de précision les garanties de la liberté individuelle, mais elle enjoignit (art. 155) au Grand Conseil de préparer une loi constitutionnelle sur la liberté personnelle et l'inviolabilité du domicile.

Bref historique

Ordre exécuté, qui aboutit en 1849 à l'approbation d'un tel texte par le corps électoral.

En 1958, lors de l'établissement du *Recueil officiel permanent de la législation genevoise en vigueur*, les lois constitutionnelles ont été incorporées à la constitution proprement dite, qui, sous cette forme nouvelle, a été ensuite sanctionnée par le souverain.

Puis en 1977, après plus de 20 années d'étude par le Grand Conseil, les articles sur la liberté individuelle et l'inviolabilité du domicile ont été légèrement remaniés. L'approbation expresse du peuple a donné force de loi à ces 28 articles, répartis en 8 chapitres. Ils figurent aussi, bien entendu, dans le nouveau code de procédure pénale entré en vigueur le 3 avril 1978.

Ils sont si clairs qu'ils se passent de commentaire. Les voici dans leur rédaction officielle, notes marginales et sous-numérotation comprises (v. ch. 6/3). Au passage, on y remarquera parfois l'écho du code d'instruction criminelle français promulgué en 1808, alors que Genève faisait partie de l'Empire français et qui a donc été quelques années en vigueur dans ce territoire.

TITRE III.
LIBERTE INDIVIDUELLE ET INVIOLABILITE DU DOMICILE

Chapitre I. Principes généraux

Art. 12

Liberté
individuelle

¹ Nul ne peut être privé de sa liberté si ce n'est en vertu d'un jugement rendu par un tribunal compétent ou d'un mandat décerné pour assurer l'instruction d'une procédure pénale par une autorité à qui le présent titre en donne le pouvoir.
² Le cas de flagrant délit est réservé.

Art. 13

Inviolabilité
du domicile

Le domicile est inviolable.

Chapitre II. Mandats

Art. 14

Mandat de
comparution

¹ Le mandat de comparution est l'ordre écrit décerné par le magistrat compétent pour convoquer et, au besoin, faire conduire devant lui une personne qu'il doit entendre.
² Le mandat prend fin dès que la personne convoquée a été entendue.
³ L'ordre mentionne en quelle qualité la personne est convoquée ainsi que les conséquences du défaut de comparution.

Art. 15

Mandat d'amener
Définition
et
conditions

¹ Le mandat d'amener est l'acte par lequel un magistrat ou un fonctionnaire compétent ordonne d'appréhender la personne prévenue d'un crime ou d'un délit et de la faire détenir provisoirement en vue d'un interrogatoire.
² Toute personne arrêtée en vertu d'un mandat d'amener doit être interrogée au plus vite par l'autorité qui a décerné le mandat.
³ Au plus tard 24 heures après l'exécution du mandat elle doit,

si elle n'est pas déjà relaxée, être mise à la disposition du juge d'instruction. Celui-ci dispose de 24 heures au plus pour l'interroger et la relaxer ou décerner le mandat d'arrêt.

Art. 16

[1] Sont compétents pour décerner des mandats d'amener, contre celui qui est soupçonné d'un crime ou d'un délit :

a) le procureur général ;

b) le juge d'instruction ;

c) le conseiller d'État chargé du département de justice et police ;

d) le chef de la police et les officiers de police désignés par la loi.

[2] En cas de flagrant délit, les autres officiers de police et les maires peuvent également décerner des mandats d'amener.

Autorités compétentes pour le décerner

Art. 17

[1] Le mandat d'arrêt est l'acte par lequel le juge d'instruction ordonne d'arrêter et de garder en détention une personne inculpée d'un crime ou d'un délit.

[2] Il ne peut être décerné que s'il existe contre l'inculpé des charges suffisantes et si, en outre, l'une des conditions suivantes est remplie :

a) la gravité de l'infraction l'exige ;

b) les circonstances font penser qu'il y a danger de fuite, de collusion, de nouvelle infraction ;

c) l'intérêt de l'instruction l'exige.

Mandat d'arrêt
Définition et conditions

Art. 18

La durée du mandat d'arrêt est de 8 jours, sauf prolongation autorisée par la Chambre d'accusation.

Durée

Art. 19

[1] Les mandats désignent aussi clairement que possible la personne qu'ils visent et énoncent le fait pour lequel ils sont décernés. Ils sont datés et signés par l'autorité qui les décerne.

[2] Le mandat d'arrêt doit, en outre, citer la disposition légale réprimant le fait qui le motive.

[3] Le mandat doit être présenté à la personne arrêtée et une copie doit lui en être remise immédiatement après son arrestation.

Forme des mandats

Art. 20

[1] Lorsque :

a) dans une séance publique de l'assemblée constituante, du Grand Conseil, d'un conseil municipal ou de l'une de leurs commissions ;

b) dans une séance du Conseil d'État ou d'un conseil administratif ;

c) dans une audience tenue par une autorité judiciaire ;

Ordre d'arrestation pour atteinte à l'autorité

d) dans un lieu public où l'une de ces autorités, un maire ou un adjoint procède à un acte de son ministère ;

e) dans un lieu public où se déroulent des opérations électorales, une ou plusieurs personnes étrangères à ces autorités se rendent coupables d'un grave manque de respect à l'autorité publique ou causent quelque désordre ou tumulte, elles peuvent être arrêtées sur-le-champ et conduites en prison pour 24 heures au plus.

[2] Sont compétents, dans ces cas, pour ordonner l'arrestation :

a) le magistrat qui préside l'assemblée constituante, le Grand Conseil, le conseil municipal, le Conseil d'État ou le conseil administratif ;

b) le juge qui préside l'audience ou dirige l'opération judiciaire ;

c) le maire ou son adjoint ;

d) le président de la commission du Grand Conseil ou du conseil municipal, ou celui de l'opération électorale.

[3] L'ordre d'arrestation désigne aussi clairement que possible la ou les personnes contre lesquelles il est décerné et le motif qui la justifie. Il est daté et signé par celui qui le décerne. Il tient lieu de mandat.

Chapitre III. Flagrant délit

Art. 21

Définition

[1] Est réputée flagrant délit l'infraction qui est en train de se commettre ou vient de se commettre.

[2] Sont assimilés au flagrant délit les cas où l'auteur ou le complice présumés de l'infraction sont poursuivis par la clameur publique ou sont trouvés, dans un temps voisin de l'infraction, en possession d'armes, d'instruments, d'effets ou de tous objets faisant présumer qu'ils ont participé à celle-ci.

Art. 22

Droit d'appréhender

[1] Dans les cas de flagrant délit, les organes de la police judiciaire ont le droit d'appréhender les participants présumés. Toute personne présente a le même droit.

[2] Dans ces cas, la personne appréhendée doit être immédiatement remise à l'un des magistrats ou fonctionnaires ayant le pouvoir de décerner un mandat d'amener.

Chapitre IV. Détention et mise en liberté

Art. 23

Droits de l'inculpé

Au début de la première comparution devant le juge d'instruction, tout inculpé doit être expressément informé de son droit :

a) de choisir son ou ses défenseurs, de conférer et de correspondre librement avec eux, sous réserve des dispositions relatives à la mise au secret, et de ne pas être interrogé, lors de sa première comparution, hors la présence de l'un d'eux, sauf sur son identité ;

b) de demander le bénéfice de l'assistance judiciaire ;
c) de demander en tout état de cause sa mise en liberté provisoire sous condition de se représenter à tous les actes de la procédure et pour l'exécution du jugement, aussitôt qu'il en sera requis ;
d) de recourir à la Chambre d'accusation contre toute décision du juge d'instruction.

Art. 24

Dès que les conditions posées à la délivrance d'un mandat d'arrêt ne sont plus réalisées, l'inculpé doit être mis en liberté sans sûretés ni caution.

Mise en liberté

Art. 25

[1] La Chambre d'accusation peut, à la demande du juge d'instruction, ou du procureur général lorsque le dossier a déjà été communiqué au Ministère public, autoriser que la détention soit prolongée, lorsque les circonstances font apparaître cette mesure comme indispensable. L'inculpé doit être préalablement entendu.

[2] L'autorisation n'est valable que pour 3 mois au maximum ; elle peut être renouvelée dans les mêmes conditions.

*Prolongation
de la détention*

Art. 26

[1] Dans tous les cas la Chambre d'accusation est compétente pour prononcer la mise en liberté.

[2] La chambre examine la demande dans sa plus prochaine audience utile et fixe, le cas échéant, les sûretés exigées de l'inculpé.

*Mise en liberté
par la Chambre
d'accusation*

Art. 27

La mise en liberté ne peut être refusée que si :
a) la gravité de l'infraction l'exige ;
b) les circonstances font penser qu'il y a danger de fuite, de collusion, de nouvelle infraction ;
c) l'intérêt de l'instruction l'exige.

*Conditions
de refus*

Chapitre V. Mise au secret

Art. 28.

[1] Si la gravité de l'affaire et l'intérêt de l'instruction l'exigent, le juge d'instruction peut, par ordonnance motivée, communiquée aux parties immédiatement et par écrit, ordonner que l'inculpé soit mis au secret pendant 8 jours au plus.

[2] La Chambre d'accusation peut, à la demande du juge d'instruction, autoriser que la mise au secret soit prolongée.

[3] L'autorisation est valable pour 8 jours au maximum ; elle peut être renouvelée dans les mêmes conditions.

Conditions

Art. 29

[1] L'inculpé mis au secret ne peut communiquer avec personne, sauf conférer avec son conseil.

Conséquences

[2] La mise au secret suspend, d'office, l'information contradictoire et la consultation du dossier. La loi en définit les effets et les conditions à l'égard du procureur général et des conseils.

[3] L'inculpé n'assiste pas aux débats de la Chambre d'accusation, mais est amené devant elle avant qu'elle prenne sa décision et appelé à s'expliquer sur les mesures sollicitées par le Ministère public ou la défense, telles qu'elles lui sont exposées par le président de la Chambre d'accusation.

Chapitre VI. Visites domiciliaires, perquisitions et saisies

Art. 30

Principe et autorité compétente

[1] Toutes les fois que, pour assurer l'instruction d'une procédure pénale, une visite domiciliaire ou une perquisition est indispensable, le juge d'instruction peut y procéder en tous lieux où la recherche de la vérité l'exige.

[2] Le juge d'instruction peut exceptionnellement déléguer par écrit le pouvoir de pratiquer ces mesures au chef de la police ou à un officier de police.

[3] Le magistrat ou le fonctionnaire qualifié pour procéder à une visite domiciliaire ou à une perquisition peut se faire accompagner d'agents de la police.

Art. 31

Conditions de temps

[1] La visite domiciliaire et la perquisition doivent être faites de jour, et peuvent être poursuives de nuit.

[2] Toutefois, elles peuvent être faites de nuit :
a) en cas de flagrant délit, de sinistre, d'appel parti de l'intérieur ou de réquisition de celui qui occupe le domicile ;
b) lorsqu'il s'agit d'un lieu servant à une activité délictueuse ou d'un lieu public.

[3] Dans les cas énumérés à l'alinéa 2, la visite domiciliaire ou la perquisition peut être opérée par tout magistrat ou fonctionnaire à qui le présent titre confère le pouvoir de décerner le mandat d'amener.

Art. 32

Conditions de forme

La visiste domiciliaire et la perquisition doivent être faites en présence de celui qui occupe le domicile ou de son représentant ; en cas d'absence ou en cas de refus d'accompagner le magistrat ou de désigner un représentant, il est passé outre.

Art. 33

Saisies

Celui qui est autorisé à effectuer une visite domiciliaire ou une perquisition a le droit, à l'occasion de celles-ci, de procéder aux saisies nécessaires dans les cas et selon les formes prévues par la loi.

Chapitre VII. Recours

Art. 34

¹ Les parties peuvent recourir à la Chambre d'accusation contre les décisions du juge d'instruction.

² Elles peuvent également recourir contre les décisions du procureur général dans les cas prévus par la loi.

Recours à la Chambre d'accusation

Chapitre VIII. Peines et dommages-intérêts

Art. 35

¹ Le fonctionnaire qui s'est rendu coupable d'inobservation des formalités prescrites pour les mandats d'amener et d'arrêt est passible de l'amende.

² Cette inobservation peut donner lieu à des injonctions au juge d'instruction.

Informalités

Art. 36

Celui qui s'est rendu coupable d'une arrestation illégale ou d'une prolongation illégale de détention supporte les dommages-intérêts dus à la personne arrêtée. Ceux-ci sont fixés d'après les circonstances et le préjudice souffert mais ne peuvent être inférieurs à 150 F par jour de détention illégale.

Arrestation ou détention illégale

Art. 37

Celui qui s'est rendu coupable d'une violation de domicile supporte les dommages-intérêts dus à la personne dont le domicile a été violé. Ceux-ci sont fixés d'après les circonstances et le préjudice souffert, mais ne peuvent être inférieurs à 50 F pour chaque heure qu'a duré la violation du domicile et pour chaque domicile violé.

Violation de domicile

Art. 38

La contrainte par corps est interdite.

Contrainte par corps

Chapitre IX. Domaine réglé par la loi

Art. 39

La loi règle ce qui est relatif :
a) aux visites domiciliaires nécessaires à la sauvegarde de la santé et de la salubrité publiques ;
b) aux visites domiciliaires en cas de constructions dangereuses ou nuisibles au public ;
c) aux mesures administratives relatives aux aliénés, aux alcooliques, ainsi qu'aux toxicomanes ;
d) au contrôle d'identité ;
e) aux mesures pénales applicables aux enfants et adolescents ;
f) aux mesures d'expulsion et d'extradition.

Domaine réglé par la loi

*

Cet ensemble détaillé contraste avec l'absence dans cette constitution de dispositions garantissant des droits sociaux (exception faite du droit à l'instruction primaire gratuite, art. 162 CGE), même si diverses lois genevoises assurent certains droits sociaux d'une façon originale (v. ch. 5/3 et 5/4).

C'est dans la constitution fédérale qu'il faut chercher les dispositions garantissant certains droits sociaux, que nous évoquerons en partie dans le chapitre consacré à la protection sociale (5/4).

LE CODE PÉNAL SUISSE

Tandis que la formation des tribunaux et leurs procédures [1] sont fixées par le droit cantonal, le code pénal qu'ils appliquent régit l'ensemble de la Suisse. Il ne saurait être question d'analyser les 401 articles de ce code, mais de signaler surtout quelques dispositions de sa partie générale.

C'est le 13 novembre 1898 que les électeurs suisses avaient accepté l'adjonction à la constitution fédérale d'un art. 64 bis : *Historique*

La Confédération a le droit de légiférer en matière de droit pénal.

Passons sur le collationnement des législations pénales cantonales opéré par Carl STOOSS à la demande du Conseil fédéral, sur les nombreuses réunions des commissions d'experts, sur le message du 23 juillet 1918 à l'Assemblée fédérale, enfin sur les délibérations des deux chambres qui ont abouti au code pénal suisse (CPS) du 21 décembre 1937. Le referendum a été demandé, les électeurs ont répondu OUI, à la majorité, le 3 juillet 1938. Il est entré en vigueur le 1er janvier 1942 et est toujours applicable à quelques retouches près (notamment par loi du 5 octobre 1950).

Le CPS ne punit pas seulement ceux qui commettent un crime ou un délit en Suisse, ceux qui commettent à l'étranger un crime ou un délit contre l'État suisse ou contre un Suisse, mais aussi tout Suisse, qui a commis à l'étranger un crime ou un délit pouvant donner lieu à extradition selon le droit suisse, à condition que l'acte soit aussi réprimé dans l'État où il a été commis. On sait que la Confédération n'extrade jamais ses ressortissants. Ils jouiraient de l'impunité si une telle disposition ne permettait pas de les punir quand ils se sont réfugiés en Suisse. *Lieu d'infraction*

---

1. Exception faite du Tribunal fédéral, qui n'intervient que rarement en première instance pour juger des infractions.

L'auteur ne peut être poursuivi, s'il a été acquitté à l'étranger, ou s'il a purgé la peine qui avait été infligée. On applique la loi étrangère si elle est plus douce. On tient compte éventuellement de la peine déjà subie à l'étranger (art. 3 à 7).

Irresponsables   N'est pas punissable celui qui, étant atteint d'une maladie mentale, d'idiotie ou d'une grave altération de la conscience, ne possédait pas, au moment d'agir, la faculté d'apprécier le caractère illicite de son acte ou de se déterminer d'après cette appréciation (art. 10).

Responsabilité restreinte   Le juge atténuera librement la peine en cas de responsabilité restreinte (cf. art. 11). Mais les dispositions des art. 10 et 11 ne seront pas applicables si l'inculpé a provoqué lui-même la grave altération ou le trouble de la conscience dans le dessein de commettre l'infraction (art. 12). On pense notamment à celui qui s'enivrerait pour avoir le triste courage de son crime.

Mais si un délinquant irresponsable ou à responsabilité restreinte compromet la sécurité ou l'ordre public, et s'il est nécessaire de l'interner dans un hôpital ou dans un hospice, le juge ordonnera son internement (art. 14). Si c'est un étranger dangereux le juge pourra lui interdire le séjour en Suisse.

Degré de réalisation   Le code tient compte du degré de réalisation de l'infraction. Celui qui de son propre mouvement aura renoncé à poursuivre jusqu'au bout son activité coupable pourra être exempté de toute peine. Il en est de même en cas d'infraction manquée ou de repentir actif (art. 21, 22).

Légitime défense   La *légitime défense* est nettement précisée (art. 33) :

[1] Celui qui est attaqué sans droit ou menacé sans droit d'une attaque imminente a le droit de repousser l'attaque par des moyens proportionnés aux circonstances; le même droit appartient aux tiers.

[2] Si celui qui repousse une attaque a excédé les bornes de la légitime défense, le juge atténuera librement la peine (art. 66); si cet excès provient d'un état excusable d'excitation ou de saisissement causé par l'attaque, aucune peine ne sera encourue.

État de nécessité   L'*état de nécessité* l'est également (art. 34) :

1. Lorsqu'un acte aura été commis pour préserver d'un danger imminent et impossible à détourner autrement un bien appartenant à l'auteur de l'acte, notamment la vie, l'intégrité corporelle, la liberté, l'honneur, le patrimoine, cet acte ne sera pas

punissable si le danger n'était pas imputable à une faute de son auteur et si, dans les circonstances où l'acte a été commis, le sacrifice du bien menacé ne pouvait être raisonnablement exigé de l'auteur de l'acte.

Si le danger était imputable à une faute de ce dernier ou si, dans les circonstances où l'acte a été commis, le sacrifice du bien menacé pouvait être raisonnablement exigé de l'auteur de l'acte, le juge atténuera librement la peine.

Le 2ᵉ « chiffre » de cet article vise le cas où l'acte a été commis pour préserver un bien appartenant à autrui.

Ces quelques citations montrent la liberté d'apprécia- *Appréciation* tion dont dispose le tribunal. Nous retrouvons le même *des tribunaux* trait quant à la fixation des peines et mesures applicables dans chaque cas concret.

La liste des peines est claire et courte : réclusion, *Peines* emprisonnement, arrêts, amende. (art. 35 à 41 et 48) *principales*

La durée de la réclusion est d'un an au moins et de 20 ans au plus (sauf disposition spéciale prévoyant la réclusion à vie), celle de l'emprisonnement de 3 jours au moins et de 3 ans au plus (sauf disposition spéciale), celle des arrêts d'un jour au moins et de 3 mois au plus.

Les peines de réclusion et d'emprisonnement doivent être exécutées de manière à exercer sur le condamné une action éducative et à préparer son retour à la vie libre. En règle générale le condamné sera mis en cellule pendant les 3 premiers mois de la réclusion ou pendant le premier mois de l'emprisonnement. Le condamné est astreint au travail : autant que possible le travail assigné à chaque détenu doit être conforme à ses aptitudes et le mettre à même de gagner sa vie après sa libération. En règle générale, les condamnés travaillent en commun. Ils sont mis en cellule pendant les heures de repos. (cf. art. 37)

Sauf disposition spéciale, le maximum de l'amende est *Amendes* de 20 000 francs (suisses évidemment). Si le délinquant a agi par cupidité, le juge n'est pas lié par ce maximum. Le juge fixera le montant de l'amende d'après la situation du condamné (revenu, capital, état civil, charges de famille, profession et gain professionnel, âge, état de santé) de façon que la perte à subir par ce dernier constitue une peine correspondant à sa culpabilité. (art. 48).

Aux peines, peuvent s'ajouter des mesures (les unes *Mesures* éducatives, d'autres de sûreté) d'une durée indéterminée :

Art. 43

Renvoi dans une maison d'éducation au travail

1. Lorsque l'auteur d'un crime ou d'un délit est condamné à l'emprisonnement, le juge pourra suspendre l'exécution de la peine et ordonner l'internement du condamné dans une maison d'éducation au travail pour une durée indéterminée :

si le condamné vivait dans l'inconduite ou la fainéantise et si l'infraction est en rapport avec ce genre de vie,

si le condamné paraît pouvoir être formé au travail,

et s'il n'a été antérieurement ni condamné à la réclusion, ni renvoyé dans une maison d'internement.

Le juge fera préalablement examiner l'état physique et mental du prévenu, ainsi que ses aptitudes au travail, et prendra des informations précises sur son éducation et ses antécédents.
[...]

3. Chaque condamné fera l'apprentissage d'un travail conforme à ses aptitudes et qui le mette à même de gagner sa vie après sa libération. Sa formation intellectuelle et physique et, notamment, son instruction professionnelle seront développées par l'enseignement.

En règle générale, les condamnés seront mis en cellule pendant la nuit.
[...]

5. Le condamné demeurera dans la maison au moins pendant les deux tiers de la peine prononcée et en tout cas pendant un an. Ce délai expiré, l'autorité compétente pourra le libérer conditionnellement pour un à trois ans, si elle l'estime apte et disposé à travailler. Elle le soumettra à un patronage et pourra lui imposer certaines règles de conduite [...]

Si le libéré s'est bien conduit jusqu'à l'expiration du délai d'épreuve, sa libération deviendra définitive. La peine sera éteinte.
[...]

Art. 44

Renvoi de buveurs d'habitude dans un asile

1. En prononçant une condamnation à l'emprisonnement ou aux arrêts, pour crime ou délit, contre un buveur d'habitude, le juge, si l'infraction est en rapport avec le penchant à la boisson, pourra ordonner qu'après l'exécution de la peine le condamné soit renvoyé dans un asile pour buveurs. Le juge pourra également, si l'état du condamné le justifie, surseoir à l'exécution de la peine et ordonner le renvoi du condamné dans un asile pour buveurs.
[...]

3. L'autorité compétente ordonnera l'élargissement de l'interné dès qu'il sera guéri. En aucun cas, le séjour à l'asile ne pourra excéder deux ans.

Avant l'élargissement et si l'exécution de la peine avait été ajournée, le juge, après avoir pris l'avis de la direction de l'asile, ordonnera l'exécution de la peine ou sa remise partielle ou totale.

4. L'autorité compétente pourra soumettre le libéré à un patronage. Elle pourra lui enjoindre de s'abstenir de boissons alcooliques

pendant un certain délai et, en outre, lui imposer d'autres règles de conduite [...]
[...]

Art. 45

1. Les dispositions de l'article 44 sont applicables par analogie aux personnes adonnées à l'usage de stupéfiants.
[...]

Art. 42

1. Lorsqu'un délinquant ayant déjà subi de nombreuses peines privatives de liberté encourt, à raison d'un crime ou d'un délit, une nouvelle condamnation à une peine privative de liberté, et lorsqu'il manifeste un penchant au crime ou au délit, à l'inconduite ou à la fainéantise, le juge pourra ordonner son renvoi dans une maison d'internement pour une durée indéterminée. L'internement remplacera l'exécution de la peine prononcée. Si le condamné est étranger, le juge pourra, au lieu de l'internement, prononcer l'expulsion du territoire suisse, qui sera exécutée après que la peine privative de liberté aura été subie.
[...]
3. L'interné est astreint au travail qui lui est assigné.
[...]
5. L'interné demeurera dans la maison au moins trois ans et, si la peine prononcée est plus longue, au moins pendant toute sa durée. Ce terme passé, l'autorité compétente, après avoir demandé l'avis des fonctionnaires de la maison, pourra le libérer conditionnellement pour trois ans, si elle estime que l'internement n'est plus nécessaire.
6. L'autorité compétente soumettra le libéré à un patronage. Elle pourra lui imposer certaines règles de conduite. [...]
Si le libéré se conduit bien pendant trois ans, sa libération deviendra définitive.

On remarque dans ces 4 articles le souci de prévenir la récidive et de rééduquer le condamné à cette fin, tout en l'incitant à une bonne conduite par l'espoir de sa libération.

Parmi les peines accessoires (destitution, privation des droits civiques, déchéance de la puissance paternelle ou de la tutelle, etc.) deux retiendront seulement notre attention, vu leur utilité pratique :
l'interdiction d'exercer une profession, une industrie ou un commerce, lorsqu'un crime ou un délit a été commis dans l'exercice, — subordonné à une autorisation officielle — de cette activité (art. 54);
l'interdiction d'accès aux débits de boissons, lorsqu'un crime ou un délit provient de l'usage immodéré de boissons alcooliques (art. 56)

Signalons enfin le *cautionnement préventif* (art. 57) :
1. S'il y a lieu de craindre que celui qui a menacé de commettre un crime ou un délit ne le commette effectivement ou si un condamné pour crime ou délit manifeste l'intention formelle de réitérer, le juge, à la requête de la personne menacée, pourra exiger de lui l'engagement de ne pas commettre l'infraction et l'astreindre à fournir une sûreté suffisante. [...]

*

Quelques infractions

Quant à la partie spéciale, il ne saurait être question d'énumérer les actes réprimés. On citera seulement quelques notes marginales qui donnent une idée de certains cas particuliers envisagés par le législateur fédéral :

meurtre par passion,
meurtre sur la demande de la victime,
incitation et assistance au suicide,
interruption non punissable de la grossesse,
lésions corporelles par négligence,
duel,
excitation au duel,
participation à une rixe,
surmenage des enfants et des subordonnés,
servir des boissons alcooliques à des enfants,
brigandage,
soustraction sans dessein d'enrichissement,
soustraction d'énergie,
atteinte malicieuse aux intérêts pécuniaires d'autrui,
obtention frauduleuse d'une prestation,
incitation à spéculer,
gestion déloyale,
atteinte au crédit,
achat de voix,
diffamation et calomnie contre un mort ou un absent,
enlèvement,
enlèvement d'une femme inconsciente ou sans défense,
enlèvement d'enfant,
attentat à la pudeur avec violence,
attentat à la pudeur d'une personne inconsciente ou incapable de résistance,
attentat à la pudeur d'une personne faible d'esprit,
attentat à la pudeur des enfants,
séduction,
abus de la détresse ou de la dépendance où se trouve une femme,
réclame offensant les mœurs,
mise en danger de mineurs par des images ou écrits immoraux.
violation d'une obligation d'entretien,
abandon d'une femme enceinte,

violation du devoir d'élever l'enfant,
emploi, avec dessein délictueux, d'explosifs ou de gaz toxiques,
dommages aux installations électriques, travaux hydrauliques et
   ouvrages de protection,
supprimer ou omettre d'installer des appareils protecteurs,
propagation d'une maladie de l'homme,
propagation d'un parasite dangereux,
mise en circulation de fourrages adultérés,
entrave aux services d'intérêt général,
appareils de falsification et emploi illicite d'appareils,
menaces alarmant la population,
provocation publique au crime,
atteinte à la liberté de croyance et des cultes,
actes commis en état d'irresponsabilité fautive,
violation de la souveraineté territoriale de la Suisse,
atteinte aux emblèmes suisses,
service de renseignements économiques,
service de renseignements militaires,
provocation et incitation à la violation des devoirs militaires,
corruption électorale,
fraude électorale,
violation du secret du vote,
rupture de ban,
insoumission à une décision de l'autorité,
publication de débats officiels secrets,
infraction à l'interdiction des débits de boissons,
outrages aux États étrangers,
outrages à des institutions interétatiques,
actes d'hostilité contre un belligérant ou des troupes étrangères,
espionnage militaire au préjudice d'un État étranger,
faux témoignage, faux rapport, fausse traduction en justice,
assistance à l'évasion.

Cette énumération partielle, mais respectant l'ordre des
articles, montre que le CPS commence par les infractions
contre la vie et l'intégrité corporelle, continue par celles
contre le patrimoine, etc. c'est-à-dire contre les personnes
privées pour n'aborder qu'ensuite les infractions contre
l'État. La démarche du code français (napoléonien, 1810)
est inverse : d'abord les crimes et délits contre la chose
publique, puis ceux contre les particuliers.

A noter enfin que dans cette partie spéciale l'infraction   *Style*
est toujours exprimée à l'aide d'un verbe. Ex. l'art. 111 :

   Celui qui aura intentionnellement tué une personne sera   *Meurtre*
   puni de [...]

Cela correspond bien à la nature de toute infraction qui est acte ou omission, et est aisément intelligible au moins instruit.

Comparons l'article 295 du code pénal français :

L'homicide commis volontairement est qualifié meurtre.

Il faut chercher, plusieurs articles après, la peine prévue.

Lois pénales cantonales

Le code pénal suisse rappelle (art. 335) que les cantons conservent le pouvoir de légiférer sur les contraventions de police qui ne sont pas l'objet de la législation fédérale, qu'ils ont le pouvoir d'édicter des peines pour les contraventions aux prescriptions cantonales d'administration ou de procédure et d'édicter les dispositions pénales nécessaires pour assurer l'observation du droit cantonal en matière fiscale.

La souveraineté des cantons se manifeste aussi à l'égard des condamnés. Aux termes de l'article 45 CF, qui garantit à tout Suisse le droit de s'établir en un point quelconque du territoire, l'établissement peut être retiré — sauf dans son *canton d'origine* — à celui qui a été à réitérées fois puni pour des délits graves et refusé ou retiré à celui qui, par suite d'un jugement pénal, ne jouit pas de ses droits civiques.

CHAPITRE 4/3

SURVEILLANCE PARLEMENTAIRE DES PRISONS

Suivons les condamnés en accompagnant dans quelques prisons suisses la commission (genevoise) des visiteurs des prisons.

L'introduction du code pénal suisse n'a pas ôté aux cantons le soin des prisonniers. Son article 382 stipule :

Obligation des cantons de créer des établissements

[1] Les cantons pourvoiront à ce que l'autorité dispose d'établissements pénitentiaires, de maisons d'internement, de maisons d'éducation au travail, d'asiles pour buveurs et d'établissements d'éducation pour enfants et adolescents ; ces établissements devront répondre aux exigences du présent code.

[2] Les cantons pourront s'entendre pour créer en commun de tels établissements.

En effet certains cantons suisses sont trop exigus et leur population trop peu nombreuse pour qu'ils se dotent de tous les genres d'établissements nécessaires à l'hébergement des condamnés. En particulier, le canton de Genève n'a que des établissements affectés à la détention préventive et à l'exécution des courtes peines. Il place ses autres condamnés dans les établissements de cantons avec lesquels il a généralement conclu des traités permanents à cet effet.

Le règlement du Grand conseil genevois prévoit la désignation annuelle de députés chargés d'inspecter les divers établissements de détention .où se trouvent des personnes condamnées par les tribunaux genevois.

1946

Voici, à titre d'illustration concrète de ses démarches et de la situation sur le terrain, le rapport de la commission des visiteurs honoraires des prisons pour 1946. (Elle était à cette époque tirée au sort. Elle est maintenant désignée à la proportionnelle des groupes et s'intitule commission des visiteurs officiels du Grand Conseil). (Les passages entre crochets ne figurent pas dans le rapport, nous les avons ajoutés pour les rendre intelligibles aux lecteurs étrangers à la Suisse)

Saint-Antoine Le Bureau du Grand Conseil et les visiteurs honoraires des prisons ont procédé le 24 mai 1946 à la visite de la prison de Saint Antoine [sise au cœur de la ville près du Palais de Justice, maintenant remplacée par une prison neuve construite dans la campagne genevoise à Champ-Dollon].

La vétusté des bâtiments les a vivement frappés ; compte tenu de celle-ci, ils notent l'état de propreté des locaux.

Seule une reconstruction totale permettrait de résoudre la plupart des problèmes qui se posent.

Néanmoins, la commission tient à signaler quelques points auxquels il peut être et devrait être immédiatement remédié sans reconstruction.

La chambre à lessive sert en même temps de salle de bains pour les femmes. Les gouvernantes nous ont représenté l'inconvénient qui en résulte. La lessive a lieu quatre jours par semaine ; les opérations de lavage doivent être interrompues pour donner les bains aux nouvelles arrivantes. Il existe à côté de la chambre à lessive un local qui semblerait facile à aménager en salle de bains.

Chaque gardienne dispose d'une pièce lui servant à la fois de chambre à coucher et de cuisine ; des fourneaux à gaz se trouvent ainsi dans le lieu où elles passent la nuit, ce qui est dangereux, sinon antiréglementaire.

La quatrième cellule (sans numéro) du quartier des femmes, actuellement utilisée pour la mise au secret, est en trop mauvais état.

Les autres cellules sont en général convenables. Toutefois les cellules du rez-de-chaussée où se purgent les peines d'arrêt et où se trouvent aussi quelques prévenus, sont particulièrement indignes d'abriter des êtres humains. Par exemple, dans la cellule N° 1, quatre matelas sont étendus côte à côte, sans espace aucun entre eux, sur le ciment. Un couloir en contrebas permet d'y accéder. Il s'y trouvait lors de notre passage, seulement des *prévenus*. La commission estime paradoxal que des hommes dont la culpabilité n'est pas encore établie soient mis dans des conditions pires que les condamnés eux-mêmes.

Selon la déclaration du directeur de la prison, il y avait 71 détenus lors de notre visite, mais la prison pouvait en abriter jusqu'à 150, soit plus du double. Il semblerait donc que même les locaux actuels permettraient de moins entasser les prisonniers ; d'autres cellules étaient vides, en effet.

Les fenêtres extrêmement réduites laissent entrer encore moins de lumière qu'on ne pourrait le supposer de l'extérieur, par suite d'un système de volets. Ceux-ci pourraient être enlevés sans difficultés, car l'éclairage naturel est insuffisant.

Nous avons visité l'atelier de fabrication des fagots, qui ne fonctionnait pas, l'ouvrier préparant la matière première étant actuellement empêché, nous a-t-il été affirmé.

Un détenu nous a manifesté spontanément son désir de travailler. Quelques prisonniers trompaient l'ennui en s'exerçant au dessin ; plusieurs jouaient aux cartes, aux échecs, lisaient. La distribution des livres s'effectue d'une façon étrange. Le dimanche, une caisse de livres passe de cellule en cellule et chacun y choisit le livre qui lui plaît. Il devrait y avoir un catalogue sur lequel les prisonniers puissent faire leur choix, comme c'est le cas au Bochuz ou à Witzwil.

Des femmes passent le temps en tricotant.

Le directeur nous a expliqué qu'on ne pouvait envisager l'apprentissage d'un métier; mais s'il disposait de locaux suffisants il pourrait néanmoins occuper les condamnés et peut-être aussi ceux des prévenus qui demandent à travailler. Un bâtiment croulant qui dépare la cour intérieure de la prison, pourrait après démolition, fournir la place nécessaire.

La commission, vu le caractère démoralisant de l'oisiveté, et l'utilité sociale du travail, voudrait que des dispositions soient prises pour permettre aux prisonniers de s'occuper utilement.

Les commissaires ont interpellé un grand nombre de détenus, leur demandant les réclamations qu'ils pouvaient avoir à formuler.

Tous les prisonniers qui ont eu recours au médecin, sauf un qui se déclare satisfait, ont affirmé que le docteur de la prison ne les examinait que très superficiellement; l'un a précisé que l'examen médical aurait lieu dans le couloir; la plupart disent que le médecin se borne à leur demander leurs symptômes, sans les ausculter ou les palper. Un prévenu qui s'est dit porteur d'un pneumothorax, antérieur à son incarcération, n'aurait reçu aucun soin *ad hoc* au cours des trois mois qu'il avait passés à Saint Antoine. Il n'aurait pas été radiographié malgré sa demande.

Sans s'arrêter aux détails incontrôlés, la commission a eu l'impression très nette que le service médical n'était pas assuré de façon convenable.

L'alimentation est déclarée satisfaisante par tous les détenus, sauf un.

Le système de la tinette commune à tous les occupants d'une même cellule et qui est vidée par eux toutes les 24 heures seulement, présente de nombreux inconvénients : atteinte à la décence, risque de propager certaines maladies, odeur infecte en été.

Certains détenus ont attiré notre attention sur le fait qu'une sortie quotidienne était insuffisante. Celle-ci a lieu de 8 h. 15 à 8 h. 45 environ.

En résumé, la prison de Saint Antoine nous a semblé bien tenue, mais sa construction comme les règlements qui y sont appliqués, paraissent plus propres à faire persévérer ses occupants dans la délinquence (sic) qu'à les ramener à une attitude normale vis-à-vis des règles de la vie en société.

Le 20 juin, nous avons visité le pénitencier du Bochuz et la colonie de femmes à Rolle.

Ces deux établissements nous ont fait bien meilleure impression que notre prison locale.

Au Bochuz [dans la plaine de l'Orbe, ct. de Vaud], le bâtiment qui abrite les condamnés dont 41 intéressent notre canton, est clair

Bochuz

et net. Le groupe des condamnés à la réclusion et celui des condamnés à la prison, sont divisés chacun en trois classes, le comportement individuel du condamné au pénitencier déterminant son affectation à telle ou telle classe. Les intéressés sont donc ainsi poussés à bien se conduire. Le directeur nous a toutefois indiqué que ces locaux ne répondaient plus aux exigences du code pénal suisse.

Chaque homme possède sa cellule individuelle, qu'il peut aménager. Beaucoup étaient ornées de photographies qui leur conféraient un cachet propre à rendre moins déprimante l'incarcération.

D'ailleurs les hommes passent normalement la journée aux champs ou aux ateliers, sauf les repas qu'ils prennent individuellement dans les cellules.

L'établissement possède une industrie du tissage. La laine des moutons de l'établissement même y est cardée, filée, tissée avec adjonction de coton importé. On fabrique ainsi l'étoffe des vêtements pour les prisonniers, on travaille aussi pour le marché extérieur.

D'autres détenus fabriquent des souliers, des pinces à linge, ou impriment pour l'État de Vaud, tandis que la majeure partie est affectée aux emplois agricoles.

La rémunération est très faible : 10, 20, 35 ou 40 centimes par jour, selon les catégories, avec des primes pour ceux qui travaillent aux machines, et peuvent ainsi obtenir un gain de 30 à 40 francs par mois. (la moitié de ces sommes peut servir à des achats immédiats ou être envoyée aux familles, le reste forme un pécule remis à la sortie). L'horaire du travail est le suivant :

7 h.-11 h.45, 13 h 30-18 h. Certains détenus travaillent en dehors de ces heures pour l'industrie privée à des tarifs que le directeur n'a pu nous préciser, ce qui ne nous a pas permis de juger si cette main-d'œuvre pénitentiaire était exploitée.

Le directeur nous a affirmé, en ce qui concerne les ouvriers travaillant aux champs, que leur rendement était très inférieur à celui de la main-d'œuvre agricole libre.

L'instruction est donnée aux condamnés qui le désirent. Une bibliothèque de 4 000 volumes est à leur disposition.

Votre délégation a choisi huit détenus qu'elle a interrogés, séparément les uns des autres, hors de la présence du directeur et des gardiens. Ils se sont presque unanimement plaints de la qualité de la nourriture, trop uniforme et mal cuite, mais non en général de sa quantité. En notre nom, le président du Grand Conseil a donc adressé des critiques au directeur. Quelques-uns d'entre nous ont goûté la nourriture et l'ont trouvée bonne, mais comme notre visite était attendue cette épreuve n'est pas probante. Déjà l'année précédente, la commission avait dû critiquer la nourriture ; l'amélioration survenue est insuffisante.

Un ex-détenu du Bochuz, actuellement à Bellechasse, interrogé sur les causes qui lui avaient fait demander de n'y pas retourner après une opération, nous a déclaré que c'était pour échapper aux assuidités d'un gardien. Cette déclaration corrobore malheureusement les bruits qui courent sur l'extension de l'homosexualité dans ce pénitencier.

La maison de Rolle [près du Léman, ct. de Vaud] est constituée par un ancien pensionnat pour jeunes filles, dont on a coupé les chambres en deux cellules, et bouché les fenêtres aux trois quarts. La directrice, qui nous a paru comprendre très bien sa mission rédemptrice, voudrait laisser entrer le soleil chez ses pensionnaires, dont les cellules étaient à part cela fort plaisantes. Toutefois, l'établissement est si exigu, que par lettre du 8 juin 1946, le Département de justice et de police du canton de Vaud, a informé le président de notre Grand Conseil qu'il projetait «la construction d'une nouvelle maison de détention et d'une maison d'éducation au travail, qui devront remplacer totalement notre actuelle colonie de Rolle dont les dimensions et les installations sont actuellement insuffisantes. Les études d'architecture sont terminées, mais les crédits et subsides nécessaires doivent encore être demandés».

Rolle

Souhaitons que cette intention se réalise bientôt, car l'exiguité de la maison ne permet aucune distinction de régime entre les détenues. Ces dernières sont employées pendant 8 heures par jour, surtout à réparer le linge du pénitencier d'Orbe.

L'unique condamnée dépendant du canton de Genève n'a formulé aucune plainte et la directrice de son côté a loué sa bonne conduite.

Enfin le 26 septembre, la commission a visité les pénitenciers de Witzwil et de Bellechasse.

A Witzwil [ct. de Berne], une surprise attendait la commission. Elle y a trouvé trois détenus dépendant de Genève, au lieu du détenu unique mentionné sur la liste qui lui avait été remise à son départ de Genève, ceci par suite d'une omission qui ne se reproduira pas.

Witzwil

L'un de ces détenus supplémentaires y était depuis décembre 1945 interné comme buveur, par décision de la Chambre des tutelles; l'autre était un mineur interné pour une durée indéterminée par décision de la Chambre des tutelles également, en date du 23 août 1946. Aucun délit n'étant imputé à ce jeune homme qui, selon lui, avait seulement eu le tort de quitter son emploi dans une banque et de refuser de le réintégrer, et l'internement ayant eu lieu sans qu'il ait eu l'occasion de s'expliquer avec le tuteur général, la commission s'est émue de cette atteinte à la liberté individuelle et de voir ce mineur mêlé à des criminels, par simple décision administrative.

Elle a donc demandé des explications. Les voici:

X. a été admonesté le 21 mai 1946 par l'un des juges de la Chambre des tutelles, qui l'a avisé que s'il persistait dans sa mauvaise conduite, il devrait être placé dans une maison d'éducation. Sur rapport du tuteur général, la Chambre a autorisé son placement au Lindenhof, près de Witzwil, par ordonnance du 23 août 1946, la mère ayant donné son consentement à ce placement, le 17 août.

X. nous a déclaré qu'il a été soudainement emmené par un gendarme, puis détenu six jours en prison à Berne sans pouvoir s'expliquer. Il est constant en outre, qu'il n'a pas été affecté à l'établissement du Lindenhof et qu'il travaille maintenant au bureau même du pénitencier ; en outre, selon le directeur, il a dès le début fait preuve de bonne volonté. C'est dire que le placement ordonné par la Chambre des tutelles a été transformé en emprisonnement dans un pénitencier. Nous demandons une enquête précise, à l'effet de savoir qui est responsable de cette modification de la décision de l'autorité tutélaire genevoise ; nous demandons en outre que l'intéressé soit remis immédiatement au régime correspondant à son cas.

La commission espère, en outre, que l'on n'omettra plus personne sur les listes servant de base à l'exercice de sa mission de contrôle.

La commission a constaté le bon état des bâtiments, a goûté la nourriture qui lui a paru satisfaisante et au sujet de laquelle aucun détenu n'a formulé de plainte.

Le pénitencier constitue une énorme exploitation agricole couvrant 800 ha., élevant une énorme quantité de porcins et de bovins et comportant d'immenses cultures vivrières. Celles-ci suffisent aux besoins du pénitencier et permettent des ventes importantes (près d'un million de francs par an), de sorte que l'établissement réalise d'importants bénéfices. Le travail dure de 6 h. à 18 h 15 en été, avec 1 h. 50 de pauses diverses, soit une durée quotidienne de travail de 11 heures environ.

Bellechasse   A Bellechasse [ct. de Fribourg], les bâtiments ont fait bonne impression sur la commission comme la bonhomie du directeur. Il s'y trouvait six femmes et trois hommes dépendant de Genève. Notre canton n'a pas de contrat avec cet établissement.

Le régime des hommes ne donne lieu à aucune observation. Il n'en est pas de même des femmes. Les intéressées sont logées dans le même bâtiment que les reclusionnaires, mais à un étage différent. En fait, toutes ont évidemment le sentiment d'être en prison.

Précisément, l'une des détenues, ancienne employée du B.I.T., âgée de 44 ans, interdite en 1929 pour faiblesse d'esprit, ivrognerie et inconduite, pour une durée indéterminée par la Chambre des tutelles, le 12 septembre 1946, faisait la grève de la faim pour protester contre cette incarcération. A ce sujet, la commission a reçu les explications suivantes du président de la Chambre des tutelles : «Quant à Melle Y., le tuteur ne l'a pas vue et Melle Y. quoique avertie de son prochain placement à Bellechasse, n'a pas demandé à le voir. Cette entrevue aurait été d'ailleurs totalement inutile. Melle Y. avait été internée auparavant dans un établissement pour relèvement d'alcooliques (Bethesda), mais elle s'y était rendue tellement insupportable, qu'aucun établissement de ce genre ne veut plus la recevoir. Son alcoolisme invétéré a nécessité douze fois son internement à Bel-Air [la clinique psychiatrique du canton de Genève]. La direction de cet asile ne voulant plus la garder, force nous a été de la placer à Bellechasse, qui a reçu maintes fois des personnes de ce genre. »

La commission n'a pas compétence pour apprécier la légitimité des décisions qui amènent des détenus dans les établissements. Elle signale simplement le fait.

Au nom de la commission, le président du Grand Conseil a fait au directeur deux observations importantes. Les détenues ne peuvent observer les soins d'hygiène élémentaire par manque d'eau et d'installations appropriées. Le directeur a promis en réponse qu'une adduction d'eau serait prochainement réalisée.

Les détenues sont privées de toute promenade. Le directeur s'est déclaré opposé à toute promenade, tant que les femmes ne se seraient pas «habituées» à l'établissement. Or, l'une d'entre elles, y est déjà entrée le 21 avril 1945. On se demande quand le directeur les jugera suffisamment habituées. Les sorties que procure à certaines de ces femmes le trajet jusqu'à la maison du directeur, pour accomplir certains travaux ménagers, ne sont que des palliatifs individuels.

Tout en risquant de nuire à la santé des détenues, cette double carence empêche certainement, le séjour à Bellechasse, de corriger les tendances antisociales des détenues.

Telles sont les observations que la commission formule à la suite de ses visites, en souhaitant qu'elles puissent servir à l'amélioration du régime pénitentiaire des condamnés du canton.

Voici en parallèle des extraits du rapport de cette même commission pour 1982.

1982

Les principales doléances des détenus sont, dans l'ordre d'importance, le manque de travail, pas assez de sport, certains se sentent très isolés, d'autres ont des problèmes de régime alimentaire.

Champ-Dollon

En reprenant tous ces points avec les responsables de Champ-Dollon, nous nous rendons compte qu'effectivement le travail donné par l'extérieur est en constante diminution alors que les effectifs augmentent. Pourtant, Champ-Dollon est doté d'une blanchisserie d'une grande capacité mais les établissements du canton voient d'un mauvais œil cette concurrence.

L'atelier de reliure aussi n'est pas utilisé à 100 %. Il est vrai que quelquefois des détenus ont intentionnellement détérioré le matériel qui leur a été confié à des fins de reliure.

Il est certain que dans tous les domaines, le travail commence à manquer et que Champ-Dollon s'en ressent au même titre que d'autres industries.

Le sport pourrait être développé mais pour cela il faudrait un second professeur et des installations supplémentaires. Il est vrai que la salle de gymnastique ne répond pas aux besoins [...]

Les régimes alimentaires seraient plus ou moins bien respectés. Depuis peu, des cours de diététique sont donnés pour sensibiliser les cuisiniers, surtout pour les régimes destinés aux diabétiques. [...]

En ce qui concerne l'animation, certains détenus souhaiteraient que des conférences soient organisées. Des essais ont été tentés mais le taux de participation est très faible et le problème de la langue en est un des facteurs.

Bochuz

L'année 1981 a été marquée, pour le canton de Vaud, par une période assez difficile puisque l'on a constaté .8 décès dans les établissements pénitentiaires. Ces décès sont essentiellement dus à la drogue, ce qui est relativement nouveau.

Des mesures ont été prises pour structurer différemment le service médical dans les prisons afin de trouver un moyen d'accompagner le drogué en lui apportant la possibilité de se désintoxiquer et en l'aidant à supporter le régime de détention.

Les établissements pénitentiaires de la plaine de l'Orbe ont été aussi confrontés à de nouvelles formes d'évasion, 56 hommes se sont évadés, 21 ont été repris immédiatement par le personnel et le même nombre, ultérieurement par la police.

[...] La direction essaye de faire l'équilibre entre les tâches fondamentales, la sécurité, le travail et la resocialisation.

[...] Le pénitencier a accordé en 1981, 522 congés, les échecs (non-retour) s'élèvent à 8,8 % (les arrivées tardives sont comprises dans les échecs).

Bellechasse

Aujourd'hui, Bellechasse accueille 150 personnes en moyenne, 130 détenus ont moins de 30 ans. 20 personnes sont des condamnés pour « refus de servir ».

4 détenus ont demandé à être entendus ensemble par la commission et la discussion a surtout porté sur le rôle des prisons et le rôle social des gardiens. Si les détenus admettent que la prison sert à punir, ils sont moins convaincus que la rééducation et la réinsertion soient bien faites puisqu'il y a des récidives. [...] Environ 10 personnes par semaine suivent des cours en cellule ou salle d'étude, il s'agit surtout de formation complémentaire (comptabilité, langue). En effet, depuis 1980, les statistiques démontrent qu'environ 20 détenus seulement n'ont pas de formation.

[...]

Tram

Le Tram, ouvert en octobre 1981, est une maison pour toxicomanes condamnés. La maison peut accueillir 10 personnes.

Les détenus sont admis au Tram à leur demande, après une visite qui leur est faite en préventive, et à condition qu'ils aient diminué les médicaments et augmenté leurs activités [...]

Le traitement se fait en 18 mois et correspond aux 18 derniers mois de détention. Il se déroule en 3 phases [...]

— 1ère phase : 3 mois
- coupure avec l'extérieur et le produit ;
- aucune sortie non accompagnée ;
- pas de congé.

Le but est une insertion dans la maison, dans les groupes quotidiens, dans les activités. Il n'y a aucune responsabilité de la part du pensionnaire.

Au bout de ces trois mois, le pensionnaire devra « s'autocritiquer », prendre la parole et faire un bilan.

– *2e phase : 5 mois*
  – 2 premiers mois : 1 journée de congé par semaine,
    samedi ou dimanche ;
  – 3 derniers mois : 1 week-end de congé.
Les pensionnaires doivent faire un rapport écrit de leurs congés.
Le but n'est pas de contrôler, mais d'obliger à faire un projet de ce
qu'ils vont faire et de ce qu'ils ont fait.
– *3e phase : 4 mois*
  – 2 premiers mois : recherche d'un emploi, orientation profes-
    sionnelle, stages ;
  – 2 derniers mois : aide pour se remettre «dans le bain».
– *post-cure : 6 mois*
  – emploi,
  – appartement,
  – contacts réguliers avec Le Tram 2 à 3 fois par semaine.
Personne ne part s'il n'a pas d'appartement, ni d'employeur.

Activités
Activités par roulement. Chaque pensionnaire passe partout
pendant un mois : mécanique, cuisine avec commissions et tenue
du budget, buanderie, couture, entretien de la maison, peinture,
jardinage, labo photos (noir et blanc), menuiserie (plus d'un mois,
les travaux étant plus longs à réaliser), bricolage.

[...]

Dans l'ancienne prison de Saint-Antoine, 15 cellules sont consa-   Relais
crées à placer les détenus en attente de jugement ou pour ceux qui   carcéral
se rendent chez le juge. Si ces cellules sont loin d'être accueillantes
de par les graffiti qui couvrent les murs, elles ont au moins le mérite
d'être spacieuses, ce qui n'est pas le cas des cellules d'attente de la
chambre d'accusation.
La commission a été effarée de constater l'exiguïté de ces 3
cellules d'environ 1 m^2 de surface, sans aération, où certains détenus
y restent parfois plusieurs heures. Cette situation déplorable a
débouché sur une motion demandant au Conseil d'État d'améliorer,
dans les meilleurs délais, les cellules se trouvant au Palais de justice
[...]

[...] nous avons visité l'établissement de Riant-Parc, destiné aux   Riant-Parc
adultes condamnés à des peines d'arrêt ou d'emprisonnement de
courte durée, ainsi qu'aux arrêts répressifs militaires. [...] Il s'agit
là d'un régime de semi-détention qui permet aux condamnés de
conserver leurs emplois, sauf pour les condamnés aux arrêts répressifs militaires qui doivent travailler gratuitement dans un établissement public. La maison atteint en permanence sa capacité d'accueil
maximum. Les récidivistes encombrent l'établissement [...]
[...]
Dans l'ensemble, la commission a pu constater que l'amélioration
du climat, en dépit de l'augmentation constante du nombre des

détenus qui prévalait ces deux dernières années à Champ-Dollon, se poursuit, voire se développe, notamment en ce qui concerne les relations détenus-direction. La commission est satisfaite de l'introduction d'une série de cours de recyclage pour le personnel pénitentiaire car la nécessité en était évidente.

Nous souhaitons que le résultat de ces cours soit un succès bien que nous soyons conscients que l'attitude de certains gardiens ne puisse guère changer en 4 semaines de cours.

La création d'une maison pour détenus psychiquement déficients, répondra à un besoin, car manifestement cette catégorie de condamnés n'est actuellement pas à sa place.

*

Ces rapports annuels font l'objet d'une discussion publique au Grand Conseil.

Cette institution semble présenter deux aspects positifs :

a) montrer aux détenus que la société ne les oublie pas ;

b) permettre de remédier à des abus frappant des gens sans défense.

CHAPITRE 4/4

L'EXERCICE DU DROIT DE GRACE

Nous venons de voir des condamnés en prison ; ils aimeraient bien en sortir. C'est là que nous rencontrons le problème du droit de grâce.

Compétence cantonale

En Suisse, de même que le prononcé et l'exécution des peines, le droit de grâce est réservé aux autorités compétentes des cantons (art. 394 CPS). Nous ne parlons pas des très rares condamnations par les tribunaux fédéraux, cas où la grâce est de la compétence de l'Assemblée fédérale.

Mais chaque canton règle à sa manière la procédure ; l'autorité qu'il investit de cette tâche peut refuser la grâce, l'accorder en tout ou partie, ou communer la peine.

Vue de France la solution genevoise est très originale. Elle confie cette tâche au Grand Conseil.

Définition

Rappelons brièvement ce qu'est la grâce, dans les termes du rapport de la commission qui, chargée de proposer de remodeler la constitution et la loi sur cet objet, s'était trouvée unanime :

La grâce consiste dans la dispense accordée au condamné d'exécuter tout ou partie de sa peine ou dans la possibilité qui lui est donnée de l'exécuter d'une façon moins pénible.

La grâce n'efface aucunement la condamnation ; elle ne supprime pas la peine. Elle se distingue par là de l'amnistie. La condamnation à la prison, aux arrêts demeure, mais le condamné est élargi ou s'il était encore en liberté n'est pas incarcéré. L'amende non encore payée n'est pas réclamée au condamné. C'est tout.

La grâce n'est pas assortie de conditions. Elle se distingue en cela de la libération conditionnelle.

La grâce ne peut porter que sur des peines et non sur les mesures de sûreté. La commission a refusé de le dire dans le texte pour ne pas formuler un truisme.

La grâce n'est pas une revision du jugement ; elle ne constitue point un désaveu des juges ; elle se situe en dehors du plan pénal, sur le plan du droit inconditionné du souverain. Celui-ci pèse dans sa conscience les intérêts du condamné, tels qu'ils lui apparaissent à l'heure où il est saisi du recours (et non au moment du procès), les intérêts de ses proches et ceux de l'ordre social tout entier qu'a perturbé le délinquant. Au terme de cette délibération intérieure, le souverain rend une décision définitive dont il ne doit compte à personne. C'est le droit du dernier mot dans toute sa majesté.

Comme le peuple souverain ne saurait commodément exercer une telle mission dans notre république, il en délègue l'exercice, par la constitution, au Grand Conseil en l'autorisant à subdéléguer à·une commission, sauf dans le cas prévu au troisième alinéa du texte constitutionnel. Quand le Grand Conseil ou la commission fait grâce ou refuse de faire grâce, c'est comme si le peuple genevois s'était prononcé.

Cette délégation de son droit de grâce par le peuple souverain avait été inscrite *dès l'origine* dans la constitution de 1847 ; elle figure maintenant *en tête* des attributions du Grand Conseil, c'est-à-dire avant l'énoncé de ses attributions législatives.

Article 58 dans sa rédaction de 1847 :

Le droit de faire grâce appartient au Grand Conseil.

Il l'exerce par lui-même ou par délégation.

Il l'exerce toujours directement lorsqu'il s'agit d'une condamnation à mort ou à la réclusion perpétuelle.

Il peut toujours évoquer à lui une demande en grâce.

[...]

(La peine de mort a été abolie par loi du 24 mai 1871)

En 1958, ces dispositions ont été précisées par modification concomitante de la constitution et du règlement du Grand Conseil.

L'article 77 de la constitution s'exprime maintenant ainsi :

Droit de grâce

[1] Le droit de grâce appartient au Grand Conseil. Il peut déléguer ce droit à une commission formée dans son sein.

[2] La loi détermine l'étendue de cette délégation et établit dans quelles formes s'exerce le droit de grâce.

[3] Le Grand Conseil reste seul compétent pour se prononcer sur une nouvelle demande de grâce concernant la même condamnation.

Commission de grâce

La commission de grâce a une double fonction. Trancher souverainement les «petits» cas, faire rapport au Grand Conseil sur les cas plus graves.

Le simple tirage au sort ne donnait évidemment pas à chaque commission de grâce une composition proportionnelle à l'effectif des divers groupes parlementaires. Ainsi une statistique portant sur les 20 dernières commissions de grâce, lors du débat du 7 juillet 1956 sur le nouvel article constitutionnel, révélait que dans 6 d'entre elles un parti n'avait pas été représenté et dans 4 autres cas : 2 partis. D'où l'adoption du régime actuel :

La commission est composée de 15 membres dont 13 d'entre eux représentent les groupes au prorata des effectifs de ces derniers. Pour chaque groupe, le sort désigne les membres parmi les députés de ce groupe qui ne sortent pas de charge et ne font pas partie du bureau. Cette formule permet à la commission d'être l'image aussi exacte que possible du Grand Conseil, lui-même modèle réduit du souverain. Le renouvellement de cette commission à chaque session, c'est-à-dire 2 fois l'an, évite que des députés s'érigent en spécialistes des grâces. Des suppléants, également tirés au sort, permettent à la commission de remplir sa mission même en cas d'empêchement d'un nombre important de titulaires. Les vice-présidents et les secrétaires du Grand Conseil, à tour de rôle, complètent l'effectif et assument respectivement la présidence et le secrétariat.

Procédure de grâce

Tout recours en grâce doit être adressé au Grand Conseil. Par l'intermédiaire du « sautier » [1], il est transmis à un rapporteur désigné à la précédente séance de la commission. Cette transmission rapide a pour but d'éviter tout délai inutile qui retarderait d'autant l'élargissement demandé par un détenu ou l'exécution d'une peine non encore commencée.

Les autorités judiciaires et administratives communiquent au sautier les dossiers relatifs aux condamnations qui font l'objet du recours. Le rapporteur de la commission peut ordonner l'apport de dossiers relatifs à des condamnations antérieures. Des précautions sont prévues pour éviter toute fuite de renseignement à l'extérieur du Grand Conseil.

Selon l'importance du cas, la commission le tranche ou se borne à formuler un préavis à l'intention du Grand Conseil.

La commission de grâce statue souverainement, sauf s'il s'agit d'une nouvelle demande concernant la même condamnation, sur :

l'emprisonnement n'excédant pas 6 mois ;
les arrêts, quelle qu'en soit la durée ;
l'amende ne dépassant pas 500 F ;
les peines accessoires dont l'effet ne dépasse pas 2 ans.

---

1. Sautier est l'appellation officielle du fonctionnaire dirigeant l'administration attachée au Conseil d'État et au Grand Conseil. Ce mot provient du latin SALTARIUS

C'est donc la condamnation prononcée et non pas l'étendue de la demande qui détermine la compétence de la commission. En outre, si l'une des peines prononcées simultanément à celle qui fait l'objet du recours n'est pas comprise dans ces minima, le cas est de la compétence du Grand Conseil.

Si la commission ne peut statuer souverainement, elle présente à la première séance utile du Grand Conseil un préavis motivé.

Le Grand Conseil délibère séparément sur chaque préavis. S'il est fait d'autres propositions que celles de la commission, l'assemblée vote d'abord sur la proposition la plus favorable au condamné; si celle-ci est rejetée, l'assemblée vote sur la plus favorable des propositions restant en discussion et ainsi de suite.

Les décisions du Grand Conseil ou de la commission peuvent comporter, pour chacune des peines :

    la remise totale ou partielle de l'exécution ;
    l'ajournement de l'exécution ;
    la commutation en une peine inférieure.

Tandis que la commission siège à huis clos et qu'aucune publicité n'est donnée à ses décisions, de manière à ne pas nuire aux possibilités de reclassement de «petits» condamnés, le Grand Conseil délibère sur la grâce en séance publique. Chacun prend ses responsabilités selon sa conscience, face à l'opinion, après avoir pesé l'intérêt public et celui du condamné (l'intérêt même du condamné n'est pas forcément sa libération immédiate, sans appui). Si la grâce est refusée, l'autorité qui prend cette décision peut décider d'aviser le condamné, qu'il lui est loisible de s'adresser à la commission de libération conditionnelle.

Exécution
des grâces

Dans les 48 heures, les décisions sont signifiées au condamné et une expédition en est simultanément transmise au procureur général, qui en assure l'exécution dans le plus bref délai.

Le législateur a voulu «laisser au représentant le plus éminent du peuple souverain, la faculté d'améliorer le sort d'un condamné que la commission de grâce n'aurait pas entièrement grâcié». Aussitôt après le rejet de sa première demande, tout condamné peut en présenter une nouvelle. Dans ce cas la constitution et la loi stipulent que cette 2e demande sera tranchée par le Grand Conseil lui-même, quelle que soit la peine.

Les juristes qui liraient ce chapitre sentiront que l'auteur a tu bien des problèmes qui se posent : ils y trouveront réponse dans la loi elle-même. Cependant signalons une pratique courante de la commission de grâce ; si des condamnés — pour non-paiement de la taxe militaire ou d'une obligation d'entretien — allèguent leur impécuniosité temporaire, mais affirment leur intention de s'acquitter très prochainement, il arrive à la commission de surseoir à statuer en laissant comprendre au recourant que son recours à des chances d'être bien accueilli s'il paie, mais qu'au cas contraire sa grâce sera refusée.

Incitation à exécution d'une obligation

TITRE 5

QUELQUES GRANDS SERVICES PUBLICS

CHAPITRE 5/1
LES FINANCES PUBLIQUES

La Suisse passe pour un paradis fiscal. C'est sans doute vrai pour les fraudeurs étrangers mais non pour les habitants du pays. Le contribuable domicilié en Suisse paie ordinairement 3 impôts sur ses revenus et 2 sur sa fortune.

Répartition des compétences fiscales

Dans le principe, la Confédération ne pouvait percevoir d'impôts directs : le droit de lever ces derniers n'appartenait qu'aux cantons et à leurs communes.

Les besoins financiers de la Confédération, notamment ceux découlant des dépenses liées à la défense nationale pendant les première et deuxième guerres mondiales, ont conduit le souverain à autoriser pour des périodes déterminées la perception d'impôts directs fédéraux.

Pour la période transitoire expirant fin 1982, l'impôt fédéral direct pouvait frapper : le revenu des personnes physiques, le rendement net, le capital et les réserves des personnes morales. L'impôt était levé pour le compte de la Confédéraion par les cantons qui en conservaient 30 %.

Mais les sommes réclamées aux contribuables au titre des impôts cantonaux et communaux restent plus importantes. Nous commencerons donc par là, toujours en prenant l'exemple du canton de Genève.

L'essentiel de ces ressources provient de l'impôt sur le revenu des personnes physiques, de l'impôt sur la fortune des personnes physiques et de l'impôt sur les personnes morales.

Il suffit par contre de mentionner l'impôt immobilier complémentaire, l'impôt spécial sur certains bénéfices d'aliénation, de remise ou de liquidation de certaines entreprises, les droits de succession, les droits d'enregistrement, les droits de timbre, la taxe personnelle, l'impôt sur les domestiques, les impôts sur les chiens, les véhicules, la publicité, le «droit des pauvres» et la taxe sur les compagnies d'assurance contre l'incendie.

Ce qui importe à tout contribuable, ce sont :

a) l'assiette de l'impôt (choses imposables),

b) les taux,

et — à un moindre degré —

c) les conditions de paiement,

d) les possibilités de réclamation et de recours.

L'impôt sur le revenu

Universalité
de l'assiette

Tous ces aspects de la fiscalité en matière d'imposition du revenu sont de la compétence cantonale, tant qu'une modification constitutionnelle fédérale du 12 juin 1977 n'a pas été suivie d'effet. Même ultérieurement, les barèmes (tranches et taux) et les montants exonérés resteront de la compétence cantonale.

L'universalité de l'assiette caractérise l'impôt genevois sur le revenu. Différence saillante avec l'impôt français sur le revenu ; il sied d'y insister.

a) Toutes les ressources du contribuable sont prises en compte : ainsi la valeur nominale des actions distribuées gratuitement par une société anonyme à ses actionnaires est assimilée à un dividende ; les gains faits dans des loteries (p. ex. à la *Loterie romande* similaire de la *Loterie nationale* française) ou au sport-toto (sorte de PMU sur les compétitions sportives) sont des revenus imposables ;

b) mais aussi les ressources virtuelles : le loyer correspondant à l'utilisation personnelle que fait le contribuable d'immeubles lui appartenant ou dont il a l'usufruit.

c) Impossibilité de s'affranchir forfaitairement : à Genève rien de semblable à la faculté dont jouissent en France les propriétaires d'obligations non indexées d'en soustraire les revenus à l'impôt progressif moyennant un prélèvement libératoire de 26 %, ni aux bénéficiaires de revenus de créances de les affranchir moyennant prélèvement libératoire de 46 %.

L'impôt anticipé de 35 %, qui est retenu en Suisse, lors du paiement des dividendes, intérêts obligataires ou autres (ainsi que des lots de loteries) n'a aucun caractère libératoire. C'est un prélèvement anticipé restitué l'année suivante au contribuable, c'est-à-dire déduit des impositions totales dont il est redevable pour son revenu et sa fortune. Ces 35 % constituent, bien entendu, un revenu imposable au titre de l'année où ils ont été retenus.

d) Les intérêts d'aucune catégorie de livrets d'épargne ne sont exempts de déclaration (contrairement en France aux livrets A, livrets roses, CODEVI).

e) Pas d'abattements forfaitaires en pourcentage sur le produit du travail, mais déductibilité (plafonnée) des frais de transport justifiés si la distance terrestre à vol d'oiseau entre le domicile privé et le domicile professionnel dépasse 1,5 km ainsi que des frais d'achat de vêtements spéciaux destinés à l'exercice d'une profession lucrative.

f) Rareté des déductions dépendant d'un acte volontaire du contribuable : ni l'investissement en actions, ni une tranche de revenus obligataires, ni une tranche de dividendes, ni une tranche d'arrérages d'aucun emprunt d'État privilégié, ni les dépenses effectuées pour économiser l'énergie, ni les dons aux œuvres, ne donnent lieu à déduction.

Toutefois les rentes versées par l'assurance-vieillesse fédérale obligatoire et certaines autres prestations officielles subissent un abattement de 50 % à 0 % selon l'ampleur des revenus dont l'intéressé jouit, par ailleurs.

Signalons qu'à Genève — par imitation de la législation française — les allocations familiales ne sont pas imposables tandis qu'elles comptent comme revenu imposable pour le fisc fédéral.

Toutes choses égales d'ailleurs, on conçoit que le revenu imposable total ainsi calculé soit plus élevé que celui qui résulterait de l'application des règles françaises. Conséquence évidente pour obtenir une même recette : les taux des barèmes d'imposition pourraient être moins élevés. Qu'en est-il en réalité ?

Barèmes

On se ferait une idée totalement fausse de la situation, s'il n'était pas préalablement rappelé que le système français du quotient familial n'existe pas ici. Les personnes seules sans charge de famille (célibataires, veuves, divorcées, séparées de corps ou de fait) sont assujetties à un barème A, les couples mariés à un barème B. Après amputation d'un certain montant fixe par charge de famille et d'une première tranche taxée à 0 %, (3 400 F pour le barème A, 5 000 F pour le barème B), le reste du revenu est taxé de 3,75 % à 21,6 % (en barème A comportant 27 tranches)[1], de 2,25 % à 20,6 % (en barème B

---

1. Compte tenu de l'impôt supplémentaire sur les gros revenus (impôt affranchi des centimes additionnels).

comportant 31 tranches), dont il faut déduire un certain rabais dépendant de la hausse de l'indice genevois des prix à la consommation. (A titre de comparaison, en France : 13 tranches de 5 à 65 %). Mais ce sont là des taux de base et non pas les taux effectifs perçus. L'État (c'est-à-dire le canton) s'assure le supplément de recettes nécessaire par la perception de centimes additionnels : p. ex. 47,5 centimes-le-franc en 1983.

Impositions communales

Quant aux communes, hormis la taxe professionnelle communale, elles vivent elles aussi essentiellement de centimes additionnels calculés sur les impôts de base (sur le revenu, la fortune, les sociétés). En pratique, les montants réclamés au contribuable sont environ le double de l'impôt de base, plus ou moins selon le degré d'aisance des populations communales.

Pour apprécier la charge fiscale de celui qui vit de son travail, il suffit d'ajouter l'impôt fédéral direct, et une capitation de 15 F par ménage. Il n'existe dans le canton de Genève, ni taxe d'habitation, ni taxe d'enlèvement des ordures ménagères.

L'impôt sur la fortune

Impôt sur la fortune

L'impôt sur la fortune est conçu comme le moyen de taxer plus fortement les revenus du capital que ceux du travail; de toute façon le contribuable s'en acquitte à l'aide de ses revenus.

Ici encore l'assiette est quasi-universelle. Les différences à signaler avec l'impôt (français) sur les grosses fortunes, sont l'absence de réduction au 1/4 de la valeur des forêts et la prise en compte pour leur valeur vénale des biens professionnels. La loi genevoise a pris soin de stipuler que sont notamment soumis à l'impôt sur la fortune «le capital engagé dans un commerce, une industrie ou une entreprise, y compris les marchandises, approvisionnements, matériel, outillage et créances» (sauf un abattement de 3 000 F (lire : trois mille F suisses pour ne pas confondre avec deux millions deux cent mille francs français (1983)). Autre exception les bâtiments à usage agricole (mais les terres et le cheptel sont imposables). Les meubles meublants et collections artistiques et scientifiques échappent à l'impôt.

Quant au taux d'imposition, après une exonération de 50 000 F pour le contribuable et autant pour son conjoint, il est réglé par un barème en 11 tranches (France : 3) échelonnées de 0,175 % à 0,585 %.

Par le jeu des centimes additionnels cantonaux (47,5 % pour 1983) et communaux aux mêmes taux que ceux frappant l'impôt sur le revenu les perceptions effectives sont approximativement doublées.

A revenus égaux ou à fortunes égales, l'imposition dépend tellement en Suisse de la localité que l'Office fédéral de la statistique publie chaque année *La charge fiscale en Suisse*, ouvrage élaboré par l'Administration fédérale des contributions, qui indique — compte tenu de tous les facteurs — les montants à payer dans un grand nombre de localités. Il est donc impossible de donner plus que 2 ou 3 chiffres destinés à fixer les idées.

Une personne mariée à profession dépendante, sans enfant (et sans fortune taxable) payait en 1982, 3 027,70 F à GENEVE-ville pour 30 000 F de salaire annuel, 197 100,35 pour 500 000 F de traitement.

Une personne mariée sans enfant, possèdant une fortune de 2 millions et sans autre revenu que celui de cette fortune à 4 %, payait 34 611 F au total à la Confédération, au canton et à la commune.

Déclaration fiscale

Chaque année, à sa déclaration individuelle, le contribuable joint une déclaration de salaire de chacun des employeurs de chaque membre du foyer et un «État des titres», où chaque livret d'épargne, chaque paquet de titres fait l'objet d'une ligne distincte indiquant valeur boursière du capital et revenu touché. Cette déclaration unique vaut à la fois pour l'imposition du revenu et de la fortune, qui fait donc l'objet d'un bordereau d'imposition unique. C'est sur ce même bordereau qu'est indiquée l'imposition communale.

Paiement des impôts

L'administration envoie à chaque contribuable au début de l'année, 10 bulletins destinés aux versements d'acomptes provisionnels au plus tard le 10 des mois de mars à décembre; (le retard entraîne majoration de 3 % de l'acompte différé). En tous cas, le solde doit être acquitté avant la fin de l'année civile.

Celui que des circonstances exceptionnelles (longue maladie, chômage) met hors d'état de s'acquitter dans les délais, obtient assez aisément — après entretien au guichet — un échelonnement de ses paiements.

Impôt sur les sociétés

L'impôt genevois sur les personnes morales comprend, d'une part une imposition de 2 pour mille sur le capital versé et les réserves, de l'autre une imposition sur le bénéfice net dont le taux est fonction de l'*intensité* de ce bénéfice. Ce taux est en effet des 3/4 du rapport entre ce bénéfice net et le capital versé augmenté des réserves, dans la limite d'un taux plancher de 4 % et d'un taux plafond de 15 %.

Il en résulte qu'à égalité de capital + réserves, la société qui fait le double du bénéfice de l'autre, paie à ce titre 4 fois ce que paie l'autre.

Il est entendu que ces taux sont plus que doublés par le jeu des mêmes centimes additionnels communaux que pour l'impôt sur le revenu ou la fortune, et par des centimes additionnels cantonaux (en 1983 : 88,5 centimes sur le bénéfice, 77,5 centimes sur l'ensemble capital + réserves).

*

Réclamation   Une réclamation pour taxation erronée doit être formulée dans les 30 jours de l'émission du bordereau (A titre de comparaison : délai de réclamation en France : 31 décembre de la 2e année suivant celle de la mise en recouvrement de l'impôt).

Recours   Si l'administration ne vous a pas donné entière satisfaction, vous ne recourrez pas auprès d'un tribunal administratif polyvalent mais auprès d'une commission de recours spécialisée : 12 membres (6 élus par le Grand Conseil, 6 désignés par le Conseil d'État). Ces membres exercent par ailleurs une profession et connaissent les réalités économiques et sociales. Votre cas sera préétudié par une sous-commission encore plus spécialisée dont le projet de décision, sera discuté juridiquement, accepté ou amendé par la commission plénière.

C'est seulement ensuite, si vous estimez votre bon droit méconnu, que vous porterez votre affaire devant le tribunal administratif. (Le département des finances a évidemment la même faculté d'appel, si son point de vue n'a pas été entériné par la commission de recours en matière d'impôts).

Débats   La discussion du budget cantonal est naturellement
budgétaire   l'occasion d'un débat général sur l'activité du gouverne-
et sur les   ment, la pratique du rapport de minorité (v. ch. 3/1)
compte-   facilitant à l'opposition la présentation de critiques
rendus   générales, que viennent étayer les observations sur chaque section ou sous-section.

Mais, ce débat n'est pas unique. En effet, au cours de l'année qui suit la clôture de l'exercice, le gouvernement présente les comptes définitifs et un bilan détaillant l'actif et le passif du canton au 31 décembre. Le gouvernement y expose aussi l'activité des services de l'État pendant cette période. Le débat qui précède l'approbation de ces comptes et du collectif budgétaire accordant des crédits supplémentaires constitue une nouvelle occasion de discuter la politique gouvernementale.

En ce qui concerne les impôts indirects fédéraux, il y a longtemps que les droits de douane ne suffisent plus. C'est l'impôt sur le chiffre d'affaires (plafond autorisé 5,6 % au détail, 8,4 % en gros) qui joue le rôle essentiel.

Impôts fédéraux indirects

Le Conseil fédéral a voulu introduire la TVA. La majorité l'a suivi dans les 2 conseils mais le souverain a rejeté cette innovation.

L'ARMÉE

L'armée est peut-être l'institution suisse sur laquelle les étrangers sont le moins mal renseignés. C'est une armée de milices. Ce sont les citoyens masculins exerçant une profession civile, organisés et formés au métier militaire.

Principe

L'article 18 de la constitution fédérale pose les principes :

[1] Tout Suisse est tenu au service militaire. [1]

[2] Les militaires qui, par le fait du service fédéral, perdent la vie ou voient leur santé altérée d'une manière permanente, ont droit à des secours de la Confédération, pour eux ou pour leur famille, s'ils sont dans le besoin.

[3] Chaque soldat reçoit gratuitement ses premiers effets d'armement, d'équipement et d'habillement. L'arme reste en mains du soldat aux conditions qui seront fixées par la législation fédérale.

[4] La taxe d'exemption du service militaire est perçue par les cantons pour le compte de la Confédération [...].

Subdivision

Le service dure de la vingtième à la 50ᵉ année. L'armée se divise en :

élite : de 20 à 32 ans révolus,

landwehr : de 33 à 42 ans révolus,

landsturm : de 43 à 50 ans révolus.

Les commissions de recrutement versent les hommes dans l'une des 3 catégories suivantes :

hommes aptes au service,

hommes aptes aux services complémentaires,

hommes incapables de servir.

L'attribution à une arme a lieu en même temps que le recrutement.

École de recrues

L'homme est ensuite appelé à une école de recrues de 118 jours. Il y est soumis à un apprentissage intensif. Il n'a ni le temps de s'ennuyer, ni l'impression de désœuvrement.

---

1. De la transmission, en principe perpétuelle, de la nationalité suisse, résulte un problème grave pour les citoyens qui ont aussi une autre nationalité. Il a été résolu pour les doubles nationaux franco-suisses par une convention du 1ᵉʳ août 1958 (J.O. 2-9-1959, p. 8612).

Une franchise de port illimité pour tout envoi ordinaire dont le poids n'excède pas 2,5 kg permet à la recrue non seulement de garder un étroit contact épistolaire avec sa famille, mais — à l'aide d'un type de sac spécial — d'envoyer à la maison ses sous-vêtements à laver et de les recevoir blanchis en retour.

Les formations de l'élite sont appelées à un cours de répétition de 20 jours chaque année. (Les sergents et les sous-officiers supérieurs font 10 cours de répétition, les caporaux, appointés et soldats : 8). *Cours de répétition*

Dans la landwehr : 40 jours au plus de cours de complément et dans le landsturm : 13 jours au plus dans les « cours de landsturm ».

Les recrues reçoivent gratuitement des armes et des effets d'équipement neufs ou de qualité équivalente. Le militaire garde en sa possession, aussi longtemps qu'il est astreint au service, l'armement et l'équipement personnels. Le tout reste propriété de la Confédération. Il est donc tenu de les conserver en bon état et de les présenter périodiquement à des inspections. *Armement et équipement individuels*

Les sous-officiers, appointés et soldats armés du fusil d'assaut ou du mousqueton, ainsi que les officiers subalternes, sont tenus de faire chaque année, jusqu'à 42 ans révolus, dans une société de tir, les tirs prescrits. *Tirs annuels*

Tout militaire peut être tenu d'accepter un grade, d'accomplir les services que ce grade comporte, de se charger d'un commandement et de remplir les obligations de ce grade. *Encadrement*

Les grades sont :

a) appointé ;

b) sous-officiers : caporal, sergent, fourrier, sergent-major, adjudant sous-officier ;

c) officiers subalternes : lieutenant, premier-lieutenant ;

d) capitaine ;

e) officiers supérieurs : major, lieutenant-colonel, colonel, brigadier, divisionnaire, commandant de corps, général.

Les appointés et soldats proposés comme sous-officiers suivent une école de sous-officiers de 27 jours.

Les caporaux nouvellement nommés font une école de recrues ou un service spécial de même durée. Sont prévues de même des écoles de fourriers et des écoles de sergents-majors avec participation à des écoles de recrues.

Les futurs officiers sont instruits dans une école d'officiers dont la durée est fixée par l'Assemblée fédérale.

Les lieutenants nouvellement nommés suivent comme tels une école de recrues et ainsi de suite pour l'accession aux grades suivants.

On rappelle (v. ch. 2/1) qu'il n'y a pas de général en permanence. L'Assemblée fédérale l'élit dès qu'une levée de troupes importante est prévue ou ordonnée pour garantir la neutralité et assurer l'indépendance du pays. Et c'est aussi l'Assemblée fédérale qui le licencie.

Le Conseil fédéral est, même après cette élection, l'autorité directoriale et exécutive supérieure. Il assigne à l'armée sa mission. Le général exerce le commandement suprême de l'armée. Dans les limites des instructions du Conseil fédéral, il prend toutes les mesures qu'il juge nécessaires à l'accomplissement de sa mission. En cas de neutralité armée, le Conseil fédéral prononce sur les mises sur pied de troupes proposées par le général ; ce dernier dispose des moyens matériels accordés par le Conseil fédéral. Au contraire, en cas de guerre, le général dispose librement des forces du pays en hommes et en matériel nécessaires à l'accomplissement de sa tâche.

D'ailleurs, en temps de guerre, tous les Suisses doivent mettre leur personne à la disposition du pays et le défendre dans la mesure de leurs forces.

Lorsque des troupes sont mises sur pied pour un service actif, chacun est tenu de mettre, pour des fins militaires, sa propriété mobilière et immobilière à la disposition des autorités militaires et de la troupe et, en cas de guerre, d'en accepter la mise hors d'usage. La Confédération accorde une indemnité équitable, dit la loi intitulée *Organisation militaire de la Confédération suisse,* pour l'usage, la moins-value et la perte de la propriété.

APG et taxe militaire   Le militaire au service a droit à une indemnité équitable pour perte de salaire et de gain.

Cependant l'accomplissement des obligations militaires entraîne des inconvénients pour ceux qui y sont assujettis.

Le souverain a estimé que ceux qui soit par incapacité personnelle sont réformés, soit n'ont aucun service (école de recrues, cours de répétition, cours d'instruction) à accomplir pendant une année civile doivent une compensation en argent. Elle est réglée par la *Loi fédérale sur la* taxe *d'exemption du service militaire*. Cet intitulé un peu ambigu pourrait laisser croire qu'il s'agit d'une taxe dont le paiement volontaire permettrait de s'exempter du service militaire. Il n'en est évidemment rien.

> Les citoyens suisses qui n'accomplissent pas ou n'accomplissent qu'en partie leurs obligations militaires sous forme de service personnel (service militaire) doivent fournir une compensation pécuniaire. (Art. 1er).

Cette compensation n'est plus due dès l'âge de 51 ans.

Le montant annuel de la taxe entière est de 3 % du revenu de l'intéressé après déduction de 4 000 F s'il est marié et de 2 000 F par charge de famille. Cette taxe proportionnelle est remplacée par une taxe personnelle de 120 F pour celui qui consacre plus de 6 mois à sa formation professionnelle – quel que soit son revenu – ou qui étant capable de travailler, consacre moins de 6 mois à cette formation professionnelle, n'a que peu ou pas d'activité professionnelle et n'aurait à verser de ce fait, qu'une taxe sur son revenu inférieure à 120 F.

Cette taxe entière n'est due que par ceux qui sont en âge de servir dans l'élite. En âge de servir dans la landwehr, on n'en paie plus que le tiers, et que le sixième à l'âge du landsturm.

L'INSTRUCTION PUBLIQUE

Principes

L'importance attachée par le peuple suisse à l'instruction s'exprime dans la constitution fédérale, qui, dès 1874 portait (art. 27) :

> La Confédération a le droit de créer, outre l'école polytechnique existante, une université fédérale et d'autres établissements d'instruction supérieure ou de subventionner des établissements de ce genre.
>
> Les cantons pourvoient à l'instruction primaire, qui doit être suffisante et placée exclusivement sous la direction de l'autorité civile. Elle est obligatoire et, dans les écoles publiques, gratuite.
>
> Les écoles publiques doivent pouvoir être fréquentées par les adhérents de toutes les confessions, sans qu'ils aient à souffrir d'aucune façon dans leur liberté de conscience ou de croyance.
>
> La Confédération prendra les mesures nécessaires contre les cantons qui ne satisferaient pas à ces obligations.

Ceci ne signifie nullement que l'obligation scolaire n'ait été introduite en Suisse qu'en 1874. Dans le parc de l'université de Genève, une stèle rappelle qu'en 1536 le peuple de Genève a décrété l'instruction publique obligatoire (en même temps que l'abolition de la messe, réautorisée ultérieurement).

En 1902, un article 27 bis de la Constitution fédérale a prévu l'octroi de subventions fédérales aux cantons pour alléger leurs charges d'instruction et en 1963 des bourses d'études et autres aides financières à l'instruction, ont été instituées, en précisant que «dans tous les cas, l'autonomie cantonale en matière d'instruction sera respectée».

Autonomie scolaire cantonale

Il en résulte que les programmes tant du primaire que du secondaire, varient d'un canton à l'autre : ni la durée de la scolarité obligatoire, ni même le début de l'année scolaire ne sont partout les mêmes. Quelque inconvénient en découle pour les élèves dont les parents déménagent d'un canton à l'autre. C'est pourquoi à l'automne 1982, le Département fédéral de l'intérieur a consulté les cantons sur la proposition de compléter l'article 27 que nous venons de citer par «l'année scolaire débute entre la mi-août et la mi-octobre».

Les universités sont également des établissements cantonaux. La Confédération n'a pas usé du droit de créer une université; seule l'École polytechnique est fédérale.

Voici un bref aperçu de l'enseignement public dans le canton de Genève, enseignement visant à profiter à la masse de la population.

L'enseignement public genevois

D'abord son but, tel qu'il est énoncé par la loi sur l'instruction publique, du 6 novembre 1940 (modifiée sur ce point en 1977).

Art. 4

L'enseignement public a pour but, dans le respect de la personnalité de chacun :

Objectifs de l'école publique

a) de donner à chaque élève le moyen d'acquérir les meilleures connaissances dans la perspective de ses activités futures et de chercher à susciter chez lui le désir permanent d'apprendre et de se former;

b) d'aider chaque élève à développer de manière équilibrée sa personnalité, sa créativité ainsi que ses aptitudes intellectuelles, manuelles, physiques et artistiques;

c) de préparer chacun à participer à la vie sociale, culturelle, civique, politique et économique du pays, en affermissant le sens des responsabilités, la faculté de discernement et l'indépendance de jugement;

d) de rendre chaque élève progressivement conscient de son appartenance au monde qui l'entoure, en développant en lui le respect d'autrui, l'esprit de solidarité et de coopération;

e) de tendre à corriger les inégalités de chance de réussite scolaire des élèves dès les premiers degrés de l'école.

Art. 5

[1] L'école publique complète l'action éducative de la famille en relation étroite avec elle. Elle peut également solliciter des collaborations diverses de la part des milieux culturels, économiques, politiques et sociaux.

Relations avec la famille

[2] L'autorité scolaire encourage la participation active des maîtres, des élèves et de leurs parents aux responsabilités scolaires.

Respect des
convictions   **Art. 6**
politiques et   L'enseignement public garantit le respect des convictions poli-
confessionnelles   tiques et confessionnelles.

L'enseignement obligatoire dure 9 années (6 ans-15 ans) dont 6 d'école primaire et 3 de « cycle d'orientation ».

Les statistiques pour 1982 relèvent 22 183 élèves en primaire (+ 6 178 en classes enfantines facultatives), soit en moyenne 19,5 élèves pour 1 452 classes. Le cycle d'orientation accueillait 11 311 élèves (moyenne 20,02 élèves par classe).

Après la fin de l'obligation scolaire on comptait 16 997 élèves dans l'enseignement secondaire dont 10 773 à plein temps et 9 860 étudiants inscrits à l'université (1981).

Allocations   C'est le moment d'indiquer la méthode originale mise
automatiques   en œuvre par ce canton pour supprimer tout obstacle financier à l'accès à l'instruction supérieure de tous les jeunes capables d'en tirer profit.

Dans un premier temps, les lois (cantonales) sur les allocations familiales, différenciant les allocations selon l'âge des enfants – mais non selon leur rang – ont majoré l'allocation accordée pour l'enfant dont l'âge est compris entre 15 ans et 20 révolus, si cet enfant est en apprentissage ou poursuit des études.

Sans porter atteinte à ces dispositions, dans un deuxième temps, par la voie d'une initiative populaire dont nous avons parlé ci-dessus (v. ch. 3/3), la gratuité a été établie dès la fin de l'enseignement obligatoire et à l'université, en même temps qu'était substitué au régime des bourses un système d'allocations automatiques. « Automatiques » signifie ici que, ni les parents – ni l'intéressé quand il est majeur –, n'a de demande à formuler. Ces allocations sont attribuées d'office dès que l'ayant-droit remplit les conditions. On avait même espéré charger un ordinateur de cette mission. Cela n'a pas été possible, mais le fonctionnaire qui le remplace doit simplement rapprocher les listes d'inscription des élèves dans les établissements publics (collèges, université) et les déclarations fiscales de leurs parents. Seul celui qui veut fréquenter un établissement privé ou sis en dehors du canton doit formuler une demande.

Mais il va sans dire qu'un petit canton d'environ 350 000 habitants, ne peut faire bénéficier de prestations tous les jeunes étrangers qui accourraient à Genève.

La dispense de taxe (y compris les droits de graduation) sera donc liée à la « nationalité » (nous rencontrons ici un exemple pratique de la distinction des 3 catégories de population relevée au chapitre 1/2).

En sont bénéficiaires :

a) les Genevois, quel que soit le lieu de leur domicile ;

b) les Confédérés, dont le répondant est domicilié dans le canton de Genève et les Confédérés non domiciliés mais dont le canton de domicile assure la réciprocité aux élèves et étudiants domiciliés sur le territoire genevois ;

c) les étrangers dont le répondant est domicilié et contribuable à Genève, à condition que leur pays d'origine accorde la réciprocité aux Genevois et pourvu que ce répondant ne soit pas exempté des impôts sur le revenu et la fortune en vertu des immunités fiscales internationales (Clause qui s'explique par l'importance de l'effectif de fonctionnaires internationnaux à Genève).

Quant aux allocations d'études, elles sont réservées :

a) aux Genevois ;

b) aux Confédérés dont le répondant est domicilié dans le canton ;

c) aux Confédérés domiciliés sur territoire genevois ;

d) aux élèves et étudiantes domiciliées dans le canton, qui par mariage ont perdu leur nationalité genevoise ou confédérée ;

e) aux élèves et étudiants qui ont fréquenté pendant 5 ans les écoles genevoises, dont le répondant est contribuable et domicilié depuis 10 ans en Suisse, les 5 dernières années dans le canton.

Par répondant, on entend le parent qui a la garde de l'élève ou étudiant et pourvoit à son entretien de manière prépondérante et durable.

L'automaticité est conditionnée par la poursuite normale des études, et le non dépassement, par le groupe familial de l'élève de certaines limites de revenu (et de fortune) dépendant du nombre de membres du foyer.

Les allocations elles-mêmes croissent avec le « degré » scolaire, c'est-à-dire avec la classe où se trouve l'élève, puis lors de son passage à l'université et ensuite en 2e et 3e années universitaires.

Pour ne pas désavantager inéquitablement ceux qui se trouveraient un peu en dessus des limites de revenu déterminant, les allocations sont quand même accordées mais subissent un écrêtement égal à 70 % du dépassement.

Limites des revenus déterminants et montants des allocations sont indexés annuellement sur l'indice genevois des prix à la consommation.

En évitant aux familles de solliciter une bourse — que leur fierté les empêchait de demander — ces mesures ont levé les obstacles financiers à la poursuite des études, ainsi la proportion de jeunes âgés de 19 ans qui fréquentent un établissement préparant à la maturité (= baccalauréat) est de 24 % (moyenne suisse : 9 % en 1980).

Bientôt les expériences faites ont montré que la crainte d'un rejet par le peuple d'un projet plus généreux, avait rendu les parlementaires trop timides. Une commission extraparlementaire chargée de revoir le texte a proposé des améliorations qui ont abouti à la loi du 25 mai 1973 que nous venons d'analyser succinctement.

La priorité que constitue l'instruction pour ce canton est illustrée par le fait qu'en 1982 elle lui a coûté 687 millions de francs suisses sur un total de dépenses de 2 390 millions de F, soit environ leurs 2/7.

La mention d'établissement privé faite ci-devant à propos des allocations automatiques d'étude pourrait fausser la perspective du lecteur français, si nous ne précisions que ce genre d'établissement ne joue qu'un faible rôle dans l'instruction enfantine, primaire et secondaire — exception faite de la « colonie » internationale (École internationale de Genève, etc.)

Ces écoles ne sont pas subventionnées par l'État, leur ouverture est soumise à autorisation. La liberté d'enseignement est garantie à tous les Suisses.

L'État aide au contraire des écoles spécialisées telles que Conservatoire de musique, Institut Jaques-Dalcroze, Conservatoire populaire de musique, Institut d'études sociales, École d'infirmières.

CHAPITRE 5/4

LA PROTECTION SOCIALE

La Suisse ne possède pas de système global de sécurité sociale.

Situation·paradoxale : *La loi fédérale sur la responsabilité civile des fabricants*, de 1881, a organisé la réparation due aux victimes d'accidents du travail avant la *loi* française de 1898 *sur les accidents du travail*, et la règlementation de la durée du travail dans les fabriques suisses de 1877 a devancé la loi française de 1892 sur le travail des enfants et des femmes dans les établissements industriels mais, ultérieurement, le degré de protection sociale en France a dépassé globalement celui de la Suisse.

Néanmoins la couverture des risques dus à la vieillesse, à l'invalidité et au décès mérite d'être indiquée.

Assurance vieillesse et survivants

C'est le 6 décembre 1925 que le souverain ajouta à la constitution un article 34 *quater* dont voici l'essentiel :

La Confédération instituera par voie législative l'assurance en cas de vieillesse et l'assurance des survivants ; elle pourra introduire ultérieurement l'assurance en cas d'invalidité.

Elle pourra déclarer ces assurances obligatoires [...]

Les contributions financières de la Confédération et des cantons n'excéderont pas, en tout, la moitié du montant total nécessaire à l'assurance.

Les chambres fédérales exécutèrent ce mandat en adoptant un projet si pingre que, dans la campagne précédant le vote référendaire, les adversaires représentèrent l'assurance offerte par un squelette de poisson. Le peuple rejetta cette loi.

Il fallut attendre le 1ᵉʳ janvier 1948 pour l'entrée en vigueur d'une *loi fédérale sur l'assurance-vieillesse et survivants*, du 20 décembre 1946. Depuis lors, cette loi a subi de nombreuses retouches qui n'altèrent pas sa structure. Nous exposerons évidemment la situation actuelle.

Il s'agit d'un système unique applicable obligatoirement à toute la population, quelle que soit la profession exercée ou l'absence de profession.

Financement   Il repose sur un triple financement : pouvoirs publics, assurés, employeurs. L'article 34 *quater* de la constitution fédérale, dans sa version modifiée en 1972, stipule que la contribution de la Confédération n'excédera pas la moitié des dépenses (couvertes en premier lieu par l'impôt sur le tabac, les droits de douane sur le tabac et l'imposition des boissons distillées). Si la loi d'application prévoit une contribution des cantons, elle viendra en diminution de la part fédérale (tel est le cas).

La cotisation des salariés est de 4,2 % du salaire, quel que soit celui-ci : il n'y a pas de plafond. L'employeur la retient et la verse à la caisse de compensation de son choix, en y joignant une cotisation patronale égale.

Les personnes exerçant une activité indépendante (artisans, commerçants, paysans, professions libérales et employeurs) versent 7,8 % de leur revenu. Toutefois pour des revenus modestes (en-dessous de 33 100 F suisses par an en 1984), le taux est réduit jusqu'à 4,2 % selon un barème dégressif.

Les personnes n'exerçant aucune activité lucrative doivent une cotisation annuelle de 210 à 8 400 F «suivant leurs conditions sociales». Le montant de 210 F correspond à une fortune inférieure à 200 000 F, celui de 8 400 F à une fortune de 4 millions et plus.

Rentes   Le système des rentes peut être considéré comme devant fournir aux membres du foyer un minimum vital, et non pas le maintien d'un niveau de vie comparable à celui de leur période d'activité professionnelle. En effet, les prestations accordées ne sont pas purement individuelles (ou réversibles), elles tiennent compte des besoins présumés du foyer. C'est pourquoi la loi accorde soit une rente de vieillesse simple, soit une rente pour couple, soit une rente de veuve, et/ou une rente pour enfant à charge.

Tout homme âgé de 65 ans révolus et toute femme âgée de 62 ans révolus a droit à la rente de vieillesse simple, s'il n'existe pas de droit à une rente pour couple.

Ont droit à une rente de vieillesse pour couples les hommes mariés qui ont accompli leur 65e année et dont l'épouse a accompli sa 62e année.

Ont droit à une rente de veuve :

a) les veuves qui ont, au décès de leur conjoint, un ou plusieurs enfants (de leur sang ou adoptés),

b) les veuves sans enfant, mais à condition d'avoir accompli leur 45e année au moment de leur veuvage, après avoir été mariées (avec un ou plusieurs maris) au moins pendant 5 années au cours de leur vie.

A droit à une rente d'orphelin, l'enfant dont le père est décédé (dans certains cas, dont la mère seule est décédée) jusqu'à l'âge de 18 ans (25 ans en cas d'apprentissage ou d'études). Y ont aussi droit les bénéficiaires d'une rente de vieillesse pour leurs enfants à charge dans les mêmes limites d'âge.

Les rentes sont calculées sur la base du revenu annuel moyen de l'assuré pendant la période où il a cotisé, en appliquant un facteur de revalorisation lié à l'évolution des salaires et des prix.

La rente (mensuelle) simple de vieillesse est (1984) au minimum de 690 F et au maximum de 1 380 F. Elle se calcule en totalisant les 4/5es du minimum et 1/60e du revenu annuel revalorisé, mais sans pouvoir dépasser le plafond qui vient d'être mentionné, ni tomber en-dessous du plancher.

La rente de vieillesse pour couple est de 150 % de la rente de vieillesse simple, mais les revenus d'une activité lucrative sur laquelle l'épouse a payé des cotisations avant ou pendant le mariage sont ajoutés à ceux du mari pour le calcul.

La rente de veuve s'élève à 80 % de la rente de vieillesse simple correspondante et celle d'orphelin simple à 40 % (orphelin double : 60 %).

Assurance invalidité

L'assurance-invalidité introduite par une loi fédérale du 19 juin 1959 est obligatoire pour les mêmes personnes que l'AVS. Le financement est également tripartite.

Le droit à une rente réduite naît à partir d'une invalidité de 50 % au moins, celui à une rente complète dès une invalidité des 2/3 et dure jusqu'à l'admission à la rente de vieillesse. Rente simple ou rente pour couple selon le cas, et bien entendu rente complémentaire pour chacun des enfants.

La loi organise aussi la réadaptation des invalides à la vie professionnelle (mesures médicales, mesures d'ordre professionnel, mesures pour une formation scolaire spéciale, octroi de moyens auxiliaires, indemnités journalières pendant la réadaptation). Cette réadaptation est un droit de l'invalide mais c'est aussi pour lui un devoir :

1/ Si l'assuré se soustrait ou s'oppose à des mesures de réadaptation auxquelles on peut raisonnablement exiger qu'il se soumette et dont on peut attendre une amélioration notable de sa capacité de gain, la rente lui est refusée temporairement ou définitivement.

2/ Des mesures qui impliquent un risque pour la vie ou la santé ne sont pas raisonnablement exigibles (art. 31).

Assurance perte de gain

Il existe aussi une assurance garantissant des allocations pour perte de gain en faveur des militaires et des personnes astreintes à la protection civile. (v. chap. 5/2).

2ᵉ pilier

A côté de cette prévoyance sociale minimale, qu'on qualifie couramment de « 1ᵉʳ pilier », un « 2ᵉ pilier » est prévu visant à maintenir le niveau de vie auquel chaque salarié s'est habitué [1]. Il ne repose pas sur le principe de la répartition mais sur celui de la capitalisation. La puissance publique ne participe pas à son financement.

[3] Afin de permettre aux personnes âgées, aux survivants et aux invalides de maintenir de façon appropriée leur niveau de vie antérieur, compte tenu des prestations de l'assurance fédérale, la Confédération prend par voie législative, dans le domaine de la prévoyance professionnelle, les mesures suivantes :

a) Elle oblige les employeurs à assurer leur personnel auprès d'une institution de prévoyance d'entreprise, d'administration ou d'association, ou auprès d'une institution similaire, et à prendre en charge au moins la moitié des cotisations ;

b) Elle fixe les exigences minimales auxquelles ces institutions de prévoyance doivent satisfaire [...]

d) Elle veille à ce que les personnes de condition indépendante puissent s'assurer facultativement auprès d'une institution relevant de la prévoyance professionnelle à des conditions équivalentes à celles qui sont offertes aux salariés. L'assurance peut être rendue obligatoire pour certaines catégories de personnes indépendantes [...] (CF art. 34 *quater*, al. 3)

Prestations complémentaires

Par ailleurs l'article 11 des dispositions transitoires stipule :

[1] Tant que les prestations de l'assurance fédérale ne couvriront pas les besoins vitaux, au sens de l'art. 34 *quater*, 2ᵉ alinéa, la Confédération allouera aux cantons des subventions destinées au financement de prestations complémentaires. [...]

Prestations genevoises

Nous analyserons à ce propos l'aide cantonale genevoise. Ce canton a joué un rôle de pionnier, puisqu'il a institué en 1939 de telles prestations en faveur des personnes âgées, c'est-à-dire avant même la naissance de l'AVS

---

1. La loi fédérale sur la prévoyance professionnelle vieillesse, survivants et invalidité, du 25 juin 1982, est entrée en vigueur le 1ᵉʳ janvier 1985.

fédérale. Puis au fil des années, l'entrée en vigueur des assurances fédérales, l'augmentation de leurs prestations, procuraient automatiquement à ce canton des économies, ce qui a facilité l'extension et l'amélioration de ces prestations cantonales...

Ce sont des prestations accordées sur demande mais dont l'octroi ou le montant dépendent de paramètres fixes et non de l'appréciation de fonctionnaires ou de commissions. Elles sont attribuées à titre définitif, sauf fait nouveau. Ce n'est donc pas de l'assistance. Ces prestations tendent à assurer à tous un certain niveau de ressources, quels qu'aient été les antécédents des ayants droit (salariat ou indépendance). On peut les qualifier de prestations de « comblement ». Les ressources personnelles de l'intéressé – quelle qu'en soit la nature – emplissent partiellement sa soupière, dont la loi cantonale a fixé le gabarit par catégorie de foyers. Le canton y verse à son tour jusqu'à la limite du débordement.

On ne résume pas en quelques lignes les 96 articles d'une telle loi sociale, dont bénéficient même ceux qui n'ont droit à aucune prestation d'AVS, ni d'assurance-invalidité.

S'agissant d'une loi de comblement, on considère en principe, comme une ressource du demandeur, toutes les sommes qu'il reçoit à un titre quelconque, et notamment celles que la personne âgée, la veuve, l'invalide se procurent par leur travail.

> « Le principal problème examiné par le groupe d'experts a été d'étudier les moyens de concilier, avec les principes d'une loi de comblement dont l'objectif est d'assurer un minimum vital, des dispositions destinées à laisser à l'intéressé le bénéfice d'une fraction de certains de ses revenus dans l'intention d'encourager leur acquisition ». (Mémorial 1968, p. 2621)

Il s'agissait d'encourager ces revenus s'ils étaient modestes en en laissant à leurs bénéficiaires une proportion importante.

> « Pour les revenus plus élevés cette proportion devient plus faible, mais demeure telle qu'elle laisse toujours à l'intéressé un certain avantage d'un accroissement de revenus [...] Le taux de prise en considération du revenu est égal à zéro lorsque ce revenu est nul, puis tend asymptotiquement vers 100 % »[1]

---

1. Résultat obtenu par la formule $F = \dfrac{0,24\,P}{R + 0,24\,P}$

P = prestation maximale de la catégorie des bénéficiaires dont fait partie l'intéressé.
R = total des revenus considérés.
F = fraction à déduire de ce total.

Mais il fallait aussi admettre que certaines dépenses incombant à l'intéressé du fait des circonstances particulières de sa vie — et non par son choix arbitraire — seraient déduites des ressources prises en compte pour calculer la prestation lui revenant. Il aura, par exemple, été malade ou obligé de recourir au dentiste. Sauf une petite franchise, on défalquera cette dépense, c'est-à-dire qu'en fait on lui remboursera les honoraires médicaux, les journées d'hospitalisation, etc. Par ce biais, on a instauré pour les bénéficiaires de cette loi l'équivalent d'une assurance-maladie sans prime à payer.

Si la pénurie grave de logements a obligé l'intéressé à acquitter un loyer trop élevé, une partie déterminée en sera aussi déduite de ses ressources, jusqu'à un certain plafond. C'est donc l'équivalent d'une allocation-logement.

Enfin, volontairement, l'intéressé paie des primes d'assurance-vie, accidents, invalidité, maladie, chômage. Pour encourager cet acte individuel de prévoyance, on déduira encore ces cotisations jusqu'à un plafond.

L'intéressé ne doit pas dépasser une certaine fortune, mais la demeure personnelle ne compte pas jusqu'à un seuil élevé. Dans ce dernier cas seulement, les héritiers peuvent se voir réclamer le remboursement des prestations touchées par le *de cujus*.

Les prestations sont versées chaque mois, la prestation annuelle se répartit entre 12 prestations mensuelles, une prestation supplémentaire d'automne (en octobre) et une prestation supplémentaire d'hiver (en février). On a deviné qu'il s'agit de faciliter aux intéressés la constitution à l'automne d'une provision de combustible ou de pommes de terre, en hiver de faire face aux dépenses accrues du fait du froid.

La prestation « maximale » pour les couples, c'est-à-dire le minimum vital garanti (après déboursé des surcharges de loyer et de frais médicaux) représente 165 % de la prestation « maximale » individuelle ; celle des veuves égale la prestation individuelle des personnes âgées ; celle de l'orphelin est de 50 %.

Ces prestations sont indexées annuellement sur l'indice genevois des prix à la consommation. En francs suisses, la prestation annuelle est de 13 920 F pour une personne seule (1984).

Mais la loi veut aussi encourager l'effort des intéressés non âgés à gagner eux-mêmes leur vie : elle prévoit des prestations de réadaptation pour les invalides et des ateliers pour invalides physiques (atelier de réadaptation professionnelle, atelier d'occupation). Les veuves valides qui entreprennent une formation ou une réadaptation professionnelle ont droit pendant une année à des prestations du même montant qu'un invalide.

Sans nous arrêter aux juridictions spécialisées instituées par les cantons pour trancher les contestations administratives en matière de prestations sociales, signalons sur le plan fédéral le *Tribunal fédéral des assurances*, dont la compétence couvre en appel les litiges relatifs à l'assurance-accidents, l'assurance-militaire, l'AVS, l'assurance-invalidité, l'assurance-chômage, les allocations familiales (dues aux travailleurs agricoles et aux paysans de montagne en vertu de la législation fédérale).

Tribunal fédéral des assurances

Le siège de ce tribunal est à Lucerne. On a vu que le Tribunal fédéral se trouve à Lausanne. Alors que l'Assemblée fédérale se réunit à Berne où le Conseil fédéral est également établi, il faut voir dans cette dispersion voulue une intention de non-centralisation.

TITRE 6

DIVERS

CHAPITRE 6/1

DROIT CIVIL

Une analyse du droit civil suisse déborderait trop le cadre de cet ouvrage. Elle ne saurait intéresser que des comparatistes.

On évoquera seulement 3 questions générales :
la relativité des droits,
l'étendue de l'appréciation des juges,
l'absence de droit commercial distinct,
et 2 points particuliers :
la liberté d'association,
le régime des fondations.

On sait qu'en France, l'individualisme outrancier de la Première République — réaction compréhensible contre l'enchevêtrement des droits sous l'Ancien Régime — a conféré aux droits individuels un caractère absolu. Voir, par exemple, le plus typique des droits, celui de propriété : *Relativité des droits*

> La propriété est le droit de jouir et disposer des choses de la manière la plus absolue, pourvu qu'on n'en fasse pas un usage prohibé par la loi ou par les règlements (art. 544 CCF).

C'est le *jus usendi et abutendi* du droit romain, que la jurisprudence française tend de plus en plus à réduire à celui d'user mais non plus d'abuser.

Le code suisse supprime expressément ce droit d'abuser, en limitant l'étendue des droits civils par l'expression de devoirs généraux.

> Chacun est tenu d'exercer ses droits et d'exécuter ses obligations selon les règles de la bonne foi.
> L'abus manifeste d'un droit n'est pas protégé par la loi (art. 2 CCS)

C'est bien entendu à celui qui invoque la mauvaise foi de l'adversaire à la prouver, car la bonne foi est présumée à moins qu'elle ne soit «incompatible avec l'attention que les circonstances permettaient d'exiger de lui» (art. 3).

Pouvoir d'appréciation des juges

Ce qui frappe aussi c'est l'étendue du pouvoir d'appréciation laissé aux juges, dans un grand nombre de cas :

> Le juge applique les règles du droit et de l'équité, lorsque la loi réserve son pouvoir d'appréciation ou qu'elle le charge de prononcer en tenant compte soit des circonstances, soit de justes motifs (art. 4).

Mais cette étendue apparaît encore plus remarquable à la lecture de l'article 1ᵉʳ de ce code, intitulé : *Application de la loi* :

> La loi régit toutes les matières auxquelles se rapportent la lettre ou l'esprit de l'une de ses dispositions.
>
> A défaut d'une disposition légale applicable, le juge prononce selon le droit coutumier et, à défaut d'une coutume, selon les règles qu'il établirait s'il avait à faire acte de législateur.
>
> Il s'inspire des solutions consacrées par la doctrine et la jurisprudence.

Au moment où le juge se prononce en conformité de la règle qu'il établirait s'il était législateur, il ne se prononce nullement par voie de disposition générale. Mais devant un problème donné, tous les législateurs ne se prononcent pas d'une manière uniforme même au même instant dans un même lieu : cette disposition du code civil suisse suppose donc un consensus assez général pour que la solution adoptée apparaisse à tous comme dictée par le bon sens.

Quant à la doctrine et à la jurisprudence il va sans dire qu'elles ne lient pas le juge, et qu'on note de temps à autre un changement de jurisprudence du Tribunal fédéral lui-même.

Absence de droit commercial séparé

Le code des obligations (du 30 mars 1911) s'applique à tous les contrats; il n'existe pas de code de commerce applicable aux commerçants, ni de tribunaux de commerce. Ainsi un simple particulier — et non pas seulement un commerçant — peut être déclaré en faillite. Ce code des obligations, après d'amples dispositions générales, passe en revue les diverses espèces de contrats pour en fixer les règles particulières : vente et échange, donation, bail, prêt, contrat de travail, contrat d'entreprise, contrat d'édition, mandat, gestion d'affaires, commission, contrat de transport, assignation, dépôt, cautionnement, jeu et pari, rente viagère et contrat d'entretien viager, société simple ; une partie distincte de ce code est consacrée aux sociétés commerciales et à la société coopérative.

Le code des obligations traite ensuite du registre du commerce, des raisons de commerce et de la comptabilité commerciale, avant de réglementer les papiers-valeurs et enfin les emprunts par obligations.

Et maintenant 2 points spécifiques :   *Associations*

Ce n'est pas sous la rubrique des *contrats,* que le droit civil suisse traite l'association ; c'est dans le code civil, qui leur consacre un chapitre entier dans son titre consacré aux *personnes morales.*

Les Suisses n'ont pas envers les associations sans but lucratif la méfiance multiséculaire que les régimes français successifs ont nourrie.

Aussi le code civil suisse précise-t-il que (art. 60)

> Les associations politiques, religieuses, scientifiques, artistiques, de bienfaisance, de récréation ou autres qui n'ont pas un but économique, acquièrent la personnalité dès qu'elles expriment dans leurs statuts la volonté d'être organisées corporativement.

Ainsi nul besoin d'une déclaration aux autorités, ni d'insertion dans une publication officielle, pour que l'association puisse se faire ouvrir un compte de chèque postal, un compte en banque ou un livret d'épargne.

C'est seulement si l'association exerce une industrie en la forme commerciale, qu'elle est tenue de se faire inscrire au registre du commerce, en fournissant ses statuts et l'état des membres de sa direction.

Aucune limitation quant aux acquisitions d'immeubles par une association, ni quant aux nationalités des dirigeants.

On conçoit qu'une telle liberté convienne parfaitement aux associations composées d'habitants du pays mais aussi aux organisations internationales non gouvernementales, dont plusieurs dizaines ont fixé leur siège en Suisse, particulièrement à Genève.

Cependant le code prend des précautions d'ordre démocratique.

> L'assemblée générale est le pouvoir suprême de l'association. (...)
> La convocation a lieu dans les cas prévus par les statuts et en outre, de par la loi, lorsque le cinquième des sociétaires en fait la demande. (Art. 64).

Cette assemblée peut révoquer les organes sociaux, pour de justes motifs (cf. art. 65).

Le juge peut prononcer la dissolution de toute association dont le but est illicite ou contraire aux mœurs, sur la demande de l'autorité compétente ou d'un intéressé.

Fondations   Tandis que le code civil français ne mentionne pas les fondations, le code civil suisse leur consacre un chapitre en 10 articles. Il permet leur constitution soit par acte authentique, soit par testament. Mais il les place sous la surveillance de la corporation publique (Confédération, canton, commune) dont elles relèvent par leur but (art. 84).

CHAPITRE 6/2

FETES LÉGALES ET SOLENNITÉS

Dans l'horaire P.L.M. de la ligne GENEVE-Eaux-Vives à La ROCHE-SUR-FORON, on lisait une note concernant certains trains : Dimanches et fêtes *ainsi que les jours de fêtes générales en Suisse.* On voulait dire : « à Genève » ; en effet la fixation des jours fériés appartient souverainement à chaque canton à condition de ne pas dépasser le nombre de 8, plafond indiqué par la loi fédérale sur les fabriques de 1914 (art. 58).

Fêtes légales

Les traditions confessionnelles se reflètent dans la nomenclature de ces jours, l'Assomption ayant tendance à être considérée comme fériée dans les cantons à majorité catholique romaine et le vendredi saint dans les cantons où l'influence protestante s'est exercée.

La fête nationale suisse, le 1er août n'est généralement ni chômée, ni payée. Elle est plutôt célébrée en soirée par de grands feux de plein air commémorant ceux qui selon la tradition donnèrent le signal de l'insurrection des cantons primitifs contre les Habsburg.

Fête nationale suisse

Les solennités officielles principales sont donc cantonales et liées à la vie civique : à Genève, c'est ce qu'on pourrait appeler l'intronisation du Conseil d'État, qui est la plus spectaculaire.

Intronisation du Conseil d'État

Le Grand Conseil est convoqué exceptionnellement en la cathédrale Saint-Pierre, sous la présidence du président du Grand Conseil. La constitution genevoise (art. 167) précise en effet :

> Le temple de Saint-Pierre est affecté au culte protestant. L'État continue à en disposer pour les cérémonies nationales [...]

Sur le podium, se trouvent : les conseillers d'État qui viennent d'être élus, le chancelier d'État, le Bureau du Grand Conseil, les représentants du Pouvoir judiciaire (procureur général, présidents des divers tribunaux), des représentants de la police. Au pied du podium, des représentants de la gendarmerie.

Le budget des cultes a été supprimé par une loi de
1907. Donc pas de représentation officielle des confes-
sions religieuses.

Le président commence par assermenter ceux des députés qui étaient absents à la séance inaugurale de la législature. Ensuite, il retrace la carrière des conseillers d'État
non réélus et résume l'activité du Grand Conseil au cours
des 4 années écoulées.

Ensuite le président assermente les conseillers d'État.

« Je vais vous donner lecture de la formule du serment. Pendant cette lecture, vous tiendrez la main droite levée. Une fois
cette lecture terminée vous baisserez la main. Puis, à l'appel de
votre nom, vous vous approcherez des Saintes Écritures placées
devant vous, vous lèverez à nouveau la main droite et pronon-
cerez les mots "Je le jure" ou "je le promets".

Veuillez lever la main droite.

"Je jure ou je promets solennellement :

d'être fidèle à la République et canton de Genève,

d'observer et de faire observer religieusement la constitution et
les lois, sans jamais perdre de vue que mes fonctions ne sont
qu'une délégation de la suprême autorité du peuple" [...] »

Après la réponse de chaque conseiller d'État, le président de ce corps expose son programme.

La séance est close sans débat.

Après avoir défilé devant le Conseil d'État au sortir de
la cathédrale, le Grand Conseil prend la tête du cortège
suivi du pouvoir judiciaire, des députés de Genève aux
Chambres fédérales, des autorités municipales, du corps
des officiers et du Conseil d'État. Ce cortège gagne la cour
de l'Hôtel de Ville où s'opère la dislocation.

*Autres
assermen-
tations*

En cas d'élection partielle d'un conseiller d'État par
suite de décès ou démission en cours de mandat, l'assermentation se fait dans la salle ordinaire des séances du
Grand Conseil sans présence des Écritures.

C'est aussi dans cette salle qu'a lieu d'une part l'assermentation par lui-même du Grand Conseil, d'autre part
celles des magistrats du pouvoir judiciaire tant lors des
élections générales que partielles. Ici aussi on remarque
un certain décorum : p.ex. à la séance inaugurale, le
doyen d'âge pénètre dans la salle suivi du sautier, précédé
de deux huissiers en manteau rouge et jaune (ce sont les
couleurs de la République et canton de Genève), gants
blancs, bicornes et plaques.

Ce cérémonial partiellement moyenâgeux coexiste avec
le modernisme du contenu démocratique (v. ch. 1/1).

Les fêtes les plus populaires, ce sont les cérémonies annuelles des « promotions », que les plus hauts magistrats ne dédaignent pas de présider. A la fin de l'année scolaire, dans chaque commune, on fête les élèves qui seront promus à la rentrée dans la classe suivante : discours, réjouissances pour les enfants et leurs parents.

Fête des promotions

Les Suisses n'aiment ni le faste, ni l'ostentation. Il n'existe point d'ordre honorifique. Le simple citoyen suisse peut porter les décorations étrangères qui lui ont été conférées, mais :

Décorations

[1] Les membres des autorités fédérales, les fonctionnaires civils et militaires et les représentants ou les commissaires fédéraux, ainsi que les membres des gouvernements et des assemblées législatives des cantons, ne peuvent accepter d'un gouvernement étranger ni pensions ou traitements, ni titres, présents ou décorations. La contravention à cette interdiction entraîne la perte du mandat ou de la fonction.

[2] Celui qui possède une telle pension, un tel titre ou une telle décoration ne peut être élu ou nommé membre d'une autorité fédérale, ni fonctionnaire civil ou militaire de la Confédération, ni représentant ou commissaire fédéral, ni membre d'un gouvernement ou de l'assemblée législative d'un canton si, avant d'exercer le mandat ou la fonction, il n'a renoncé expressément à jouir de sa pension, ou à porter son titre ou n'a rendu sa décoration.

[3] Le port de décorations étrangères et l'usage de titres conférés par des gouvernements étrangers sont interdits dans l'armée suisse.

[4] Il est interdit à tout officier, sous-officier ou soldat d'accepter des distinctions de ce genre. (CF art. 12).

On constate là le souci d'une indépendance absolue vis-à-vis de l'étranger.

L'ACCESSIBILITÉ DE LA LOI

Dans un régime démocratique, où nulle virgule d'un texte constitutionnel ne peut être changée sans vote du peuple, où toute loi est susceptible d'être soumise au vote de ce souverain, il est particulièrement nécessaire que les textes soient aisés à comprendre

Aspect des lois

Leur rédaction et leur présentation doivent être aussi claires que possible.

En Suisse, l'habitude s'est établie de munir en général chaque article de code, de loi, de règlement fédéraux d'une note marginale qui en évoque la substance. C'est le système si pratique des pays anglo-saxons. Non seulement cela facilite le repérage de la disposition qu'un usager recherche, mais ces notes, œuvre du législateur lui-même, comme les intitulés de la norme et de ses subdivisions, peuvent contribuer à mieux cerner l'intention des auteurs du texte.

Dans le canton de Genève, depuis 1956, la présence de telles notes marginales est obligatoire dans tous loi et règlement nouveaux et beaucoup de textes antérieurs en ont été pourvus.

Accessoirement, lors de l'élaboration de dispositions nouvelles, l'impossibilité de pourvoir un article d'une note marginale succincte avertit le rédacteur, qu'il a mêlé dans cet article 2 sujets, qui devraient être traités dans des articles distincts.

Droit en vigueur

A l'époque moderne, dans les divers pays — et la Suisse ne saurait faire exception — les lois et leurs règlements d'application changent relativement souvent. Le problème se pose à chacun au moment où il veut connaître ses droits et obligations, de trouver aisément le texte actuellement en vigueur. Compulser la publication officielle où lois et décrets sont publiés au fur et à mesure de leur parution est un procédé fastidieux, car il faut encore vérifier qu'au cours des années et mois ultérieurs, le texte qu'on a trouvé n'a jamais été abrogé ou modifié.

En Suisse, sur le plan fédéral, point n'est besoin d'effectuer de si longues recherches ni de se reporter à des répertoires privés. (En France, par exemple, la dernière édition officielle du code civil date de 1816 et dès son article 1er indique que les lois sont exécutoires en vertu de la promulgation faite par le Roi !). La Confédération publie de temps en temps des éditions à jour des textes en vigueur diffusées par l'*Office central fédéral des imprimés et du matériel* à Berne.

Le canton de Genève a fait mieux encore, en créant un Recueil permanent de sa propre législation. Cela semble une « première » mondiale et mérite quelques développements.

Recueil permanent

Une loi genevoise du 18 juin 1949 ayant prescrit la publication d'un recueil officiel systématique de la législation genevoise en vigueur, l'administration a d'abord répertorié 28 137 textes, dont 24 383 sans portée générale qui ont été laissés de côté. Sur les 3 754 textes de portée générale, 1 123 ont été jugés caducs tandis que 1 833 avaient été abrogés. Restaient 798 textes en vigueur (lois constitutionnelles, lois ordinaires, arrêtés).

Tandis que la mise au point des règlements était laissée au Pouvoir exécutif, le Grand Conseil a tenu à assumer lui-même la responsabilité des textes d'ordre constitutionnel et législatif.

On a constaté qu'il était arrivé aux législateurs précédents de rendre plus d'une loi sur un même objet, sans prescrire formellement dans la loi postérieure la modification ou l'abrogation de la loi antérieure. La connaissance du droit en était rendue plus difficile. Le Grand Conseil a fusionné ces lois chaque fois que possible, ce que l'administration n'aurait pu faire valablement. De même la commission compétente a passé en revue tous les textes que l'administration estimait caducs ou abrogés et en a retenu certains comme encore valables.

Le recueil est systématique, c'est-à-dire regroupe tous les textes selon un plan logique – arrêté par le Parlement – bien articulé à tous les niveaux, de façon à constituer une sorte de code général du droit cantonal genevois.

Ce recueil est divisé en 13 *groupes* :

A. Structure cantonale et principes fondamentaux ;
B. Organisation du canton ;
C. Instruction publique, culture, religion ;
D. Finances et contributions ;   etc.

Chaque *groupe* est divisé en *livres*. Ainsi le groupe A, se subdivise en :

1. Lien à la Confédération ;
2. Constitution et principes généraux ;
3. Dénomination, armoiries et couleurs de l'Etat ;
4. Nationalité ;
5. Votations et élections, referendum · et initiative.

Chaque *livre* comporte un certain nombre d'unités distinctes numérotées selon la suite naturelle des nombres. Ainsi 3 signes suffisent à repérer un texte dans le recueil (p. ex. L 1 9 désignera la *loi sur l'extension des voies de communication et l'aménagement des quartiers ou localités*, faisant partie du livre 1 du groupe L).

On a pris soin que le ou les règlements d'application d'une loi suivent immédiatement celle-ci dans le recueil.

Toute matière nouvelle que la logique amène à placer entre deux textes préexistants, est numérotée en s'inspirant du système décimal, p. ex. s'il doit venir entre 3 et 4, on le numérote 3,5.

Mais — et c'est là l'innovation fondamentale — tous ces textes, imprimés sur des feuillets mobiles sont tenus en permanence à jour, c'est-à-dire que 2 fois par mois le *Service de la législation et des publications officielles* publie des feuillets de remplacement pour tout texte modifié et des feuillets complémentaires pour les textes nouveaux.

Le but du recueil étant d'en rendre les textes «facilement accessibles à toute personne, même la moins familiarisée avec le maniement des codes» la lisibilité et la facilité de référence a été accrue en numérotant expressément, dans chaque article, chaque alinéa, et en subdivisant ceux qui contenaient des dispositions manifestement très distinctes ; on a évité les abréviations intelligibles seulement aux initiés.

Cette réussite a suscité des imitateurs ...

POSTFACE

Il faut répéter ce qui a été dit à propos de l'État fédéral (v. ch. 1/3). Les cantons restant des États souverains, leurs institutions présentent une véritable diversité sous un air de famille. Un exposé exhaustif eût débordé inutilement le cadre que nous nous étions tracé : donner un aperçu d'un monde peu connu.

Diversité

Si l'on détaille le régime d'un département ou d'une commune de France, on connaît celui de tous les départements et de toutes les communes. Au contraire, en Suisse, on peut seulement affirmer : voilà comment les choses se passent dans tel canton, et, après lecture des pages précédentes : dans le canton de Genève.

Ainsi, par exemple, les systèmes électoraux varient de canton à canton : là le territoire est fractionné en circonscriptions distinctes, ici il ne l'est pas; là c'est le « quotient » électoral qui s'applique, ici c'est le « nombre » électoral. Le quorum exigé n'est pas du tout uniforme. Un nombre restreint de petits cantons vivent encore en démocratie directe (régime de la *Landsgemeinde*). Là les députés au Conseil des États sont élus par le Grand Conseil, ici par le peuple (à la majorité ou à la proportionnelle). Dans un canton, après un nombre déterminé d'années d'établissement, les étrangers sont électeurs en matière communale (mais non éligibles).

Nous n'avons pas évoqué les institutions économiques étatiques. Ainsi la généralité des cantons possèdent une banque cantonale; nous n'en avons rien dit, car Genève fait exception (encore que la *Caisse d'épargne de la République et canton de Genève* et la *Banque hypothécaire du canton de Genève* tendent à en remplir les fonctions).

Institutions économiques

Dans de nombreux cantons existe un Établissement d'assurance contre l'incendie (et autres dommages) auprès duquel l'assurance est obligatoire, mais tel n'est pas le cas à Genève.

Mentionnons seulement les sociétés anonymes où une corporation de droit public telle que la Confédération, un canton, un district ou une commune a un intérêt public. Le code des obligations (art. 762) permet aux statuts de ces S.A. de conférer à ces corporations publiques le droit de déléguer des représentants dans les organes d'administration et de contrôle de ces entreprises même sans en être actionnaires.

*

On s'est efforcé de présenter la situation actuelle en ne faisant guère référence à l'histoire. En 1985, au plan fédéral, le degré de souveraineté populaire diffère beaucoup de ce qu'il était en 1850. Le lecteur se demandera si c'est le résultat de révolutions (voire de coups d'État) ou d'une série de mutations paisibles ?

Évolution fédérale

En contraste avec la période agitée, antérieure à 1848, qui s'est terminée par la guerre civile du *Sonderbund*, les institutions suisses ont évolué depuis lors par mutations légales, c'est-à-dire que chacune est intervenue conformément aux dispositions constitutionnelles en vigueur à l'instant précédant ladite mutation.

La constitution de 1848 érigeait la Suisse en démocratie masculine représentative. Les électeurs n'avaient d'autre droit que l'élection des Chambres fédérales d'une part, le rejet ou l'approbation des modifications constitutionnelles d'autre part.

La constitution de 1874, en ajoutant le referendum facultatif permit aux électeurs de rejeter les lois votées par leurs représentants, procédure étendue en 1921 à certains traités internationaux, tandis que des restrictions à l'emploi de la clause d'urgence étaient adoptées en 1939.

En 1891 fut introduit le droit d'initiative populaire constitutionnelle.

Une adéquation de la composition du Conseil national au panorama idéologique du corps électoral fut adoptée en 1918, précisément grâce à une initiative populaire.

Enfin les Suissesses se sont vues reconnaître le droit de vote et d'éligibilité en 1971.

Tous ces changements sont orientés dans le sens démocratique.

Évolution genevoise

A Genève, autrefois turbulente et dont la constitution de 1847 a été adoptée après la révolution de 1846, nous

constatons également une série de mutations généralement orientées dans le sens de l'accroissement des droits
électoraux populaires.

La constitution de 1847 établit expressément une
démocratie représentative.

Le referendum facultatif est introduit en 1879, en
matière cantonale et en 1895 en matière communale.

L'initiative populaire cantonale (en matière tant constitutionnelle que législative) apparaît en 1891, l'initiative
populaire en matière communale en 1980 (applicable dès
1981).

La représentation proportionnelle pour l'élection du
Grand Conseil est adoptée en 1892, et en matière communale en 1912.

L'élection des députés de Genève au Conseil des États
est transférée en 1893 du Grand Conseil au corps électoral.

L'élection des juges est de même transférée du Grand
Conseil aux citoyens en 1904.

Le corps électoral a été élargi aux femmes en 1960. [1]

En sens inverse, on note une tendance à l'allongement
du mandat du Grand Conseil : 2 ans à l'origine (1847),
3 ans (1891), 4 ans (1957), ce qui décale dans le temps
l'adaptation de la composition de ce parlement à l'évolution idéologique du corps électoral.

Mais seule véritable régression épisodique : l'adjonction
en 1937 à la liste des Suisses qui ne peuvent exercer de
droits politiques dans le canton de :

« ceux qui sont affiliés à l'Internationale communiste
ou aux organisations qui en dépendent directement ou

---

1. Chacune de ces mutations est habituellement l'aboutissement d'efforts répétés de ses
partisans quand les tentatives antérieures ont échoué.

Un seul exemple : le droit de vote et l'éligibilité des femmes fut évoqué au cours des débats
qui aboutirent en 1882 à l'institution des conseils de prud'hommes et à cet égard ce droit fut
établi seulement en 1910. Le suffrage féminin proprement dit fit l'objet de propositions au
Grand Conseil en 1917, 1919, 1920 (rejetées par ce corps ou retirée par son auteur) ;

puis d'une initiative populaire en 1921, approuvée par le Grand Conseil mais rejetée par le
corps électoral ;

à nouveau d'une proposition au Grand Conseil en 1930, objet d'un « ajournement indéfini » ;

encore d'une initiative populaire en 1939, rejetée par le Grand Conseil et par le corps électoral ;

à nouveau d'un projet au Grand Conseil en 1945, retiré au profit d'une initiative populaire
présentée en 1945, approuvée par le Grand Conseil, mais rejetée par le corps électoral ;

d'une proposition au Grand Conseil en 1952, adoptée par celui-ci mais rejetée par le corps
électoral ;

sans parler d'une proposition faite en 1951 au Grand Conseil, aboutissant à une consultation
des femmes suisses dont une forte majorité se déclara favorable à leur droit de vote ;

pour aboutir enfin à des propositions au Grand Conseil fusionnées en une seule, approuvée
par le corps électoral en 1960 !

indirectement, ou à toute autre organisation internationale ou étrangère, dont l'activité est dangereuse pour l'État
et pour l'ordre public»; disposition abrogée en 1946.

Dans un autre ordre d'idées on notera comme évolution démocratique le fait qu'à l'origine les 2 sessions
annuelles du Grand Conseil duraient seulement un mois,
si le Conseil d'État n'en prolongeait la durée, alors qu'au
travers de nombreuses modifications successives, les 2
sessions sont maintenant d'une durée illimitée, ce qui
accroît l'autonomie de ce parlement.

Est-ce à dire que ces évolutions aient atteint leur logique démocratique ?

Distorsions
dues ...

En principe, le système proportionnel basé sur le
«nombre» électoral, puis sur la plus forte moyenne, assure
l'adéquation optimale du corps élu à la composition du
corps électoral.

au quorum.

Lorsqu'un quorum est exigé, il en résulte une déforma-
tion du «modèle réduit», d'autant plus prononcée que le
quorum est élevé. Ainsi, dans l'exemple présenté au chapitre 2/2 ci-dessus, en l'absence de quorum exigible, les
listes auraient été représentées comme suit (entre parenthèses, le nombre des sièges qu'elles ont effectivement
obtenu par le fait du quorum de 7 %) : liste 1 : 23 (24);
liste 2 : 15 (16); liste 3 : 16 (17); liste 4 : 18 (20); liste
5 : 8 (8); liste 6 : 14 (15); liste 7 : 5 (0); liste 8 : 0 (0);
liste 9 : 1 (0). Cela n'eût pas modifié sensiblement les rapports numériques des principaux groupes parlementaires,
mais 2 petites listes eussent été représentées.

à la non-
addition
fédérale

Sur le plan fédéral, il n'existe pas de quorum légal, mais
le fractionnement du corps électoral national en 26 circonscriptions très inégales, aboutit nécessairement dans
chaque canton lors de l'élection du Conseil national à
priver de représentation une fraction d'autant plus élevée
des électeurs de ce canton, qu'il y a moins de sièges à
pourvoir. En première répartition, dans une circonscription donnée, un parti ne peut être assuré d'un siège que si
les voix par lui obtenues dépassent $\frac{1}{1+s}$ du total, où s =
nombre de sièges à pourvoir dans cette circonscription.
Même après 2e répartition, ce sont les partis les plus forts
dans ce canton qui en bénéficient.

Les pertes ainsi infligées dans les divers cantons ne se
compensent pas nécessairement. En l'absence de toute addition fédérale des restes des voix cantonales, on constate, en
effet, une certaine distorsion de la représentation globale.

Le fait que chaque canton — peu ou très peuplé — envoie le même nombre de représentants au Conseil des États — dont l'accord est nécessaire pour l'adoption d'un texte de loi fédérale — peut opérer une grande distorsion. Ainsi est constitué une sorte de vote plural en faveur des Suisses domiciliés dans les petits cantons, la voix de chacun d'eux pèse bien plus lourd.

Vote « plural »

L'initiative constitutionnelle des citoyens n'y remédie pas, puisqu'ici aussi l'adoption exige non seulement la majorité des votants sur le plan suisse, mais dans la majorité des cantons une majorité d'électeurs ; et il est déjà arrivé qu'un texte adopté par la majorité des voix décomptées sur le plan fédéral ne puisse être déclaré adopté faute d'avoir obtenu cette majorité dans la majorité des cantons.

A l'approche du centenaire de la constitution fédérale, le Conseil fédéral a procédé à de vastes consultations en vue d'une révision totale. La commission d'experts qu'il a désignée à cette fin, dans son projet (daté de 1977) maintient 2 conseillers aux États par canton. Une variante propose que les 16 cantons les plus populeux délèguent un 3e député.

La procédure du referendum corrige partiellement cet état de choses, puisque tous les citoyens ont alors une voix égale. Mais c'est seulement un frein à innovation sans contrepartie. Au reste cette correction à l'inégalité électorale des citoyens n'est que partielle. Souvent une loi présente une constellation de dispositions. L'électeur n'a pas le choix de répondre OUI aux unes, NON aux autres. Même l'unité de la matière n'empêche que la loi n'apparaisse parfois comme un marché couplé, et même à supposer que ce couplage ne soit pas intentionnel, il est souvent inéluctable. Le droit suisse du referendum ne prévoit pas la possibilité de consulter simultanément les électeurs sur un projet et sur une variante, même pas sur un paquet de variantes liées, comme serait par exemple, dans une loi de prestations sociales, un bloc de variantes liant certaines prestations à d'autres recettes.

Choix limité

C'est seulement en matière d'initiative populaire, si le parlement élabore un contreprojet, qu'on peut parler d'un certain choix. Sinon les variantes peuvent être proposées dans le temps, d'où longue attente avant que ne triomphe une volonté majoritaire (voir l'exemple de l'assurance-vieillesse, ch. 5/4).

**Inégalités
de fait**

A côté de ces inégalités entre électeurs dont l'origine est juridique, faut-il parler des inégalités de fait ?

Lors d'un scrutin quel qu'il soit, les partis ou groupements formés d'électeurs aisés ou ayant l'appui de puissances économiques peuvent consacrer beaucoup plus de fonds à la propagande que les autres. Il n'est pas rare de voir paraître à cet effet dans des quotidiens une page entière de publicité sans parler des affiches et des tracts.

Sans s'exagérer la portée de ces interventions pendant la campagne électorale, alors que beaucoup d'électeurs ont déjà formé leur opinion, elles sont néanmoins de nature à changer dans une fraction du corps électoral l'intention de vote résultant du seul examen objectif de la question à trancher.

Cette fraction peut suffire à faire triompher les NON au lieu des OUI, ou vice-versa. On peut aussi en cas d'élections obtenir un glissement suffisant pour augmenter ou réduire le nombre de sièges obtenus par certains partis.

Si nous proposons de ne pas exagérer, c'est que l'intention préexistante de vote nous semble bien plus déterminée par les influences auxquelles le citoyen est soumis au cours des années précédentes par la presse et les médias. Influence subtile dont le parti-pris latent n'est pas toujours évident aux moins avertis et qui représente le poids du passé et des moyens financiers ...

Bien entendu, ces pesanteurs sont tout aussi présentes en France et si nous les avons évoquées ce n'est pas pour minimiser la valeur formelle des institutions suisses mais pour montrer que nous ne sommes pas dupe de leurs limitations.

INDEX

TABLE DES MATIÈRES

Maquette, composition et mise en page réalisées par
le Centre de Recherches et d'Études Linguistiques (C.R.E.L.-France)
Aix-en-Provence

7881- La Bayeusaine graphique
6-12, rue Royale, 14401 Bayeux
Dépôt légal n° 6282 - Novembre 1985
Imprimé en France